Halterofilia
Perfeccionamiento Técnico

Gonzalo Remiro

# HALTEROFILIA
## PERFECCIONAMIENTO TÉCNICO

Título: Halterofilia Perfeccionamiento Técnico
Autor: Gonzalo Remiro
ISBN (libro impreso): 978-9915-40-312-0
ISBN (ebook): 978-9915-40-313-7
Edición: Primera
Año: 2021

Un agradecimiento especial a:

José Ramón Gómez-Puerto
Robert Corominas
Rodrigo Marra

Por su contribución para la elaboración de este libro.

# Índice

## Presentación

Desde su propia gestación esta obra se desarrolló pensando exclusivamente en el lector, enfatizando una lectura clara y amigable que se centre en el tema principal. De esta forma, el libro no utiliza terminologías complicadas ni recurre excesivamente a explicaciones fisiológicas o biomecánicas complejas que puedan generar una lectura pesada, pero sin que esto, a su vez, signifique una omisión en la calidad del contenido que se desarrolla. El objetivo es ofrecer la información de forma clara y que el lector pueda transitar cada párrafo de manera afable, generando en lo posible, un entorno favorable al proceso de adquisición y consolidación del conocimiento. Este objetivo supone un verdadero desafío a la hora de desarrollar temas que, por su propia naturaleza, son muy complejos, lo cual llevó a muchas horas de escritura, revisión y re-escritura hasta garantizar que cada texto cumpla con lo establecido. Cada uno de los diez capítulos del libro tratan un tema muy concreto, relacionado con el perfeccionamiento de la técnica de la halterofilia, para el cual se explican sus fundamentos y se ofrecen conclusiones así como aplicaciones prácticas. El libro cumplirá su objetivo si, tras finalizar su lectura, el lector amplía su visión sobre el proceso de perfeccionamiento técnico y adquiere una batería de acciones aplicativas para implementar en pro de la optimización técnica de los ejercicios de la halterofilia.

# Capítulo 1
## La Altura Crítica

Son muchos los elementos del levantamiento necesarios para que un snatch sea exitoso; la correcta trayectoria de la barra, una adecuada implementación de las velocidades durante el tirón, la fijación de la barra sobre la cabeza en el punto justo, etc. Pero los dos elementos fundamentales para garantizar que un levantador pueda ejecutar un snatch o un clean de forma exitosa son: la elevación de la barra hasta una altura mínima y un rápido desliz profundo por debajo de la barra. Estos dos elementos están estrechamente relacionados, ya que la altura mínima que la barra debe ascender depende también de la profundidad que el levantador es capaz de alcanzar en su desliz.

Una de las características más notorias de la técnica actual del levantamiento de pesas es que los deportistas no solo levantan la barra sino que también se "meten" debajo de ella, en un movimiento llamado desliz que implica, tanto en el snatch como en el clean, recibir la barra en una posición de squat profundo (figura 1).

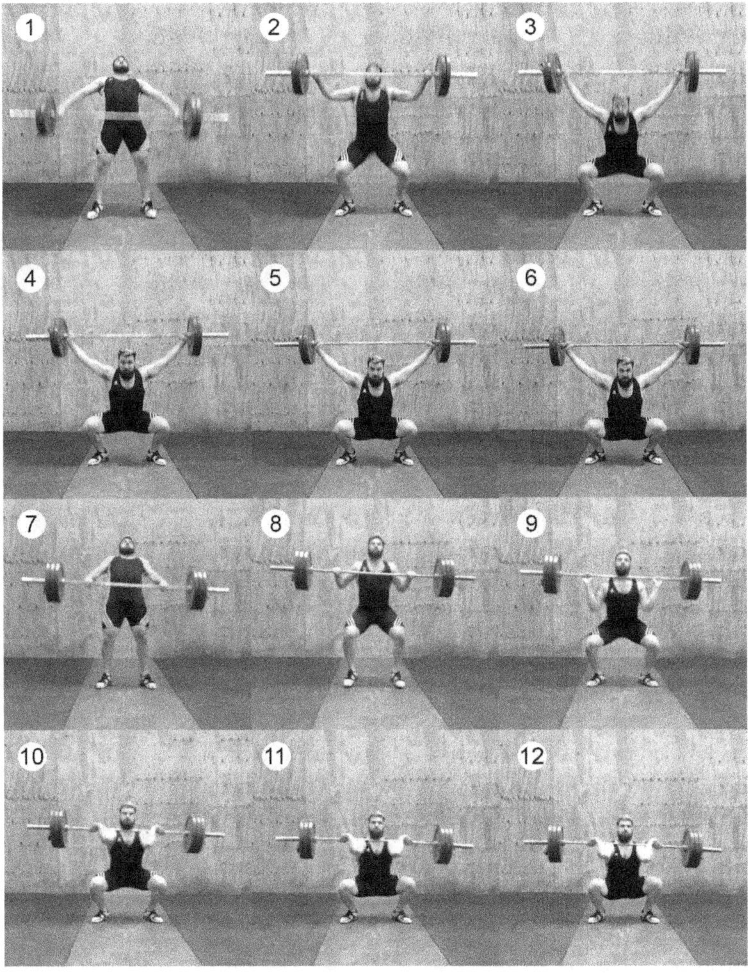

**Figura 1.** Desliz del snatch (fotogramas 1 a 6) y desliz del clean (fotogramas 7 a 12).

Este componente del levantamiento permite desplazar mayores kilos a costa de una mayor exigencia técnica. La lógica detrás de esta estrategia, es reducir la altura que la barra debe alcanzar para completar un levantamiento ya que a menor altura, mayor será la cantidad de kilos que pueden ser desplazados. A la altura mínima necesaria que la barra debe alcanzar para completar un levantamiento se le llama "altura crítica" (figura 2).

**Figura 2**. Altura crítica.

Se puede ver con claridad ahora que la capacidad de un deportista de bajar lo más profundo posible es un factor de vital importancia en este deporte. Cuando un levantamiento se puede ejecutar alcanzando una menor altura crítica este levantamiento se lo considera mas "económico". El snatch clásico (squat snatch) es mas económico que el power snatch; así como también tendrá una técnica mas económica aquel levantador capaz de bajar más profundo en el desliz y, por tanto, tener una altura crítica menor (Figura 3).

**Figura 3**. Comparación de levantamientos con distintas economías. La figura muestra un deportista capaz de alcanzar una gran profundidad en el snatch (A), un segundo levantador capaz de alcanzar menor profundidad y, por lo tanto, con una técnica menos económica (B); y un levantador realizando un power snatch (C). Se puede observar la diferencia en la economía de cada levantamiento.

En los últimos 120 años la técnica del levantamiento de pesas ha evolucionado en muchos de sus componentes pero se puede notar una evidente progresión de levantamientos poco económicos (con mayores alturas críticas) hacia levantamientos mas económicos (con menores alturas críticas). A principios del siglo pasado se podía observar que los levantadores ejecutaban el clean por medio de un power clean rústico, una versión técnicamente mas fácil pero menos económica. La primera evolución se dio al pasar de un power clean a un split clean, una versión del movimiento que permitía una menor altura crítica. Eventualmente se evolucionó de un split clean a un squat clean, la técnica que finalmente se utiliza hasta el día de hoy y se puede observar en competencias internacionales de primer nivel.

El snatch sufrió la misma evolución, de un power snatch rudimentario, utilizado en las primeras competencias, se progresó a un split snatch y finalmente a un squat snatch; con la diferencia que la transición del split snatch al squat snatch llevó algo más de tiempo y de perfeccionamiento técnico, ya que el squat snatch presenta una mayor demanda de equilibrio en su ejecución.

El jerk no pudo sufrir su evolución completa como los demás ejercicios ya que la realización de un squat jerk, aunque mas económico que el split jerk, requiere de una fortaleza y flexibilidad de espalda que no todos son capaces de adquirir. Debido a esto, esta técnica es utilizada por un número muy reducido de deportistas, predominantemente asiáticos.

La capacidad de bajar más profundo debajo de la barra es equivalente a un levantamiento más económico y, por lo tanto, es un aspecto que debe ser tenido en cuenta y también optimizado. Lamentablemente esta capacidad tiene un límite que depende, en gran parte, de la individualidad anatómica de cada levantador, pudiendo este aspecto mejorar hasta el límite real de cada individuo.

Para optimizar esta característica de la técnica del snatch y del clean se debe comprender un aspecto clave de la técnica: el desplazamiento. Al observar la técnica de atletas profesionales se puede apreciar que, al finalizar el tirón los pies, se separan completamente del suelo. En esta fracción de segundo en donde el deportista se encuentra en el aire se realiza un desplazamiento lateral de los pies, es decir, al volver a tener contacto con el suelo los pies se van a encontrar más separados. La razón por la cual los levantadores hacen esto es simple, existe una separación óptima de los pies para permitir que la musculatura del miembro inferior ejerza la mayor potencia para impulsar la barra en su ascenso; por otro lado, existe una separación óptima para lograr la mayor profundidad de desliz, pero ambas separaciones son diferentes (figura 4).

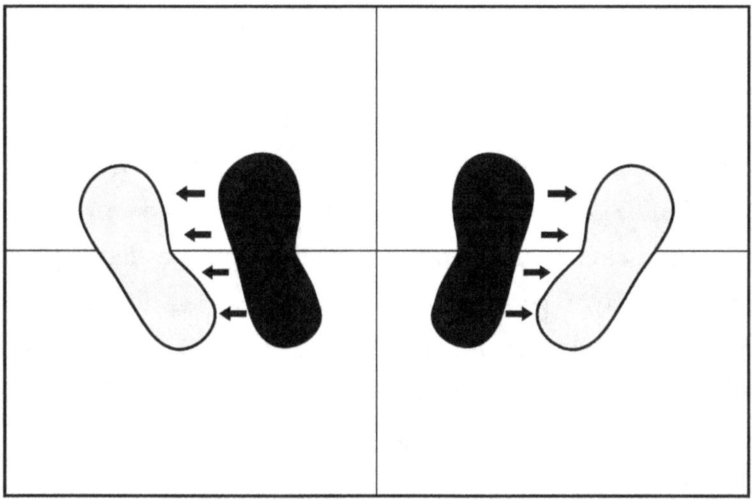

**Figura 4.** Desplazamiento de los pies durante el snatch y el clean. La representación oscura representa la posición inicial de los pies y la clara la posición después del desplazamiento.

Es importante notar que durante el desplazamiento los pies no solo se separan sino que también suelen realizar una rotación externa que puede ser mayor o menor dependiendo de la anatomía de la cadera del levantador. Esta rotación externa no solo puede ofrecer mayor profundidad sino también mayor comodidad en la posición más profunda del squat.

Algunos levantadores con poca experiencia no realizan un desplazamiento hacia su posición óptima de pies, logrando así una profundidad menor a la óptima, incluso algunos levantadores principiantes no realizan desplazamiento; es importante prestar atención a este aspecto, evaluar cual es la posición óptima de los pies para conseguir la mayor profundidad en el squat e indicar al levantador que durante el clean y el snatch realicen un desplazamiento que re-ubique los pies en la posición óptima.

La evaluación de la posición óptima de los pies, para alcanzar la mayor profundidad, se realiza por medio de un squat con un peso liviano. De esta manera el levantador puede probar con distintas posiciones de pies para determinar cual de ellas le permite alcanzar la mayor profundidad. Una vez la posición de pies es determinada, el levantador debe implementarla en el desplazamiento del snatch y del clean. De esta forma, el levantador mantiene una separación de pies óptima para impulsar la barra y luego los desplaza hacia la posición óptima para conseguir mayor profundidad y, por lo tanto, una menor altura crítica. Esta separación de pies también debe ser utilizada durante los ejercicios de squat (la separación óptima para mayor profundidad).

Pero, ser capaz de descender el cuerpo lo más profundo posible, no garantiza una técnica mas económica. Como fue mencionado anteriormente, al movimiento en donde el levantador realiza una rápida flexión profunda para colocar su cuerpo debajo de la barra se le llama desliz (figura 1). Alcanzar el desliz más profundo posible no sirve de nada si el levantador lo realiza de forma lenta; entonces la barra es recibida por encima de la altura crítica desaprovechando el potencial del levantamiento, o fallándolo. En su investigación en levantadores rusos de élite,

Khasin[1] observó que durante el snatch, la posición del cuerpo del levantador en relación a la barra, en el momento que esta alcanza su altura máxima, está asociada al éxito del levantamiento, notando que esta posición es más profunda en los intentos exitosos, en comparación con los intentos fallidos (figura 5). Al momento en que la barra alcanza su altura máxima, la posición del cuerpo es más profunda si el desliz es más rápido y, por lo tanto, esto quiere decir que la velocidad del desliz está asociada al éxito del levantamiento.

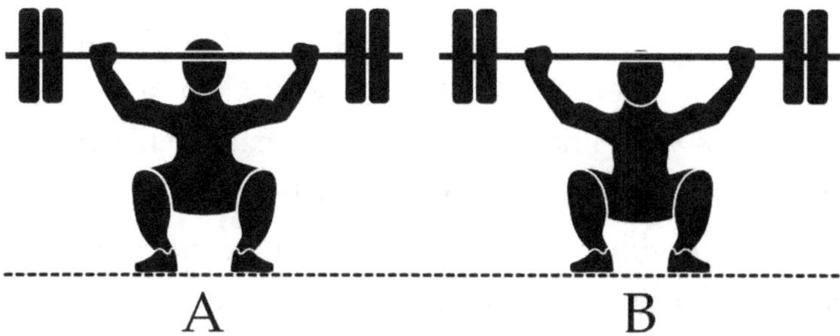


**Figura 5.** Posición relativa del cuerpo del levantador cuando la barra alcanza la altura máxima durante el desliz del snatch. Se puede observar que el cuerpo del levantador de la figura B está en una posición más profunda que el cuerpo de la figura A al momento en que la barra alcanza la altura máxima. Esto indica una mayor velocidad de desliz (B), lo cual está asociado a una técnica mas eficiente.

Muchos levantadores inexpertos o en fase de aprendizaje prefieren, en ocasiones inconscientemente, recibir la barra por encima de la altura crítica y/o realizar un desliz lento ya que este abordaje presenta una menor demanda a nivel técnico y reduce las probabilidades de perder el levantamiento (especialmente en el snatch). Esto significa recibir la barra muy por encima de la altura crítica. Otros levantadores más experimentados realizan un desliz rápido, pero no lo suficiente, incurriendo en una técnica que no aprovecha su máximo potencial.

Este error técnico se pudo observar en levantadoras chinas de élite. A comienzos de los años 90, China era un país pionero en la halterofilia femenina, marcando una notoria diferencia, tanto en fuerza como en técnica, al comparase con otros países. Cuando las investigaciones Chinas realizaron mediciones de los parámetros biomecánicos de técnica de las mujeres y los compararon con las de los levantadores hombres observaron que las mujeres superaban a los hombres en algunos aspectos técnicos, pero la distancia de descenso de la barra (una vez recibida en el snatch) era mayor en las levantadoras[2]. Esto indica que la barra debió ascender a una altura mayor a la óptima; si el deportista perfecciona la técnica, desarrollando la capacidad de recibir la barra más profundo, por medio de un desliz mas rápido, entonces podrá desplazar mayores kilos. Es importante aclarar que este aspecto técnico no está asociado a la profundidad final del desliz, sino al punto dentro del descenso donde la barra se recibe y se fija. Se puede descender muy profundo recibiendo la barra muy arriba, pero esto resta economía al levantamiento.

Cuando el desliz es excesivamente lento, este error técnico es fácil de detectar de forma visual; por otro lado, el error puede escapar a la vista cuando el desliz es rápido pero no lo suficientemente rápido para lograr la técnica óptima. En este caso es conveniente recurrir al análisis en vídeo de la técnica del levantador, prestando especial atención a la subfase de amortiguación.

Tanto en el snatch como en el clean, cuando el levantador finaliza el tirón comienza el movimiento de descenso de su cuerpo denominado "desliz". El desliz se refiere a la totalidad del descenso, desde que este comienza hasta su posición más profunda; pero en el análisis biomecánico de estos ejercicios este movimiento corresponde a dos fases del snatch (y del clean). Desde el momento en que el deportista comienza el descenso de su cuerpo hasta que la barra alcanza su altura máxima es la fase llamada *turnover under*. Una vez la barra alcanza su altura máxima comienza la fase de recepción (*catch*). En ambas fases (*turnover under* y recepción), el cuerpo del levantador desciende debajo de la barra; la diferencia es que durante la fase de *turnover under* el cuerpo del levantador desciende mientras la barra se eleva, y en la fase de recepción el cuerpo del levantador desciende al igual que la barra. La fase de recepción a su vez se puede subdividir, dentro de ella se puede considerar la subfase de amortiguación.

Durante el snatch la subfase de amortiguación es la parte de la recepción que está comprendida desde el momento en que el levantador completa la extensión de los codos hasta el momento que se alcanza la mayor profundidad de desliz. Durante el clean esta subfase se define como el momento en que la barra tiene contacto con las clavículas y porción anterior de los hombros, hasta alcanzar la máxima profundidad de desliz. Esta fase debe comenzar con el descenso próximo a su fin; si en el momento de la fijación de codos (o el contacto de la barra con las clavículas) el ángulo de la rodilla es considerablemente superior al conseguido en la posición más profunda del desliz, entonces el desliz no se está realizando lo suficientemente rápido (figura 6). Esta evaluación se debe realizar preferentemente con pesos mayores al 90% y se debe considerar que el clean tiene una amortiguación más larga que el snatch.

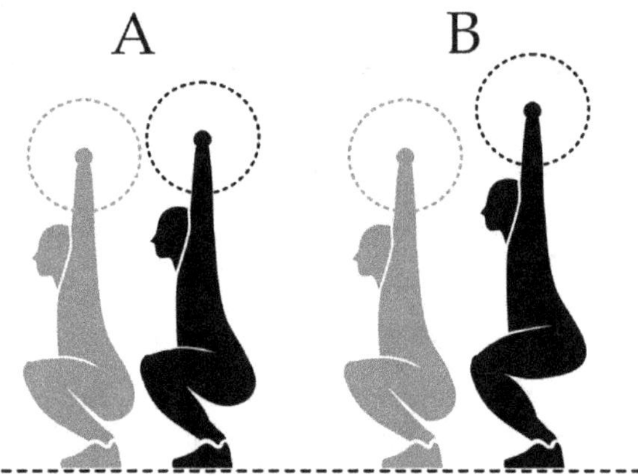


**Figura 6**. Posición del levantador al momento de la completa extensión de codos durante el snatch. La figura clara sirve de referencia y es la posición más profunda del desliz. La figura oscura, en A representa un levantador que termina la extensión de los codos convenientemente próximo a la posición final del desliz. En B la extensión de codos se da en una profundidad menor, situación menos conveniente. El grado de flexión de rodillas al momento de la extensión de codos sirve de referencia.

Ambos componentes, la profundidad y la velocidad del desliz, son clave para una técnica óptima, pero descuidar uno de ellos anula los posibles beneficios que pueda tener el otro. En otras palabras, los dos componentes están vinculados y se necesita el perfeccionamiento de ambos para tener una técnica más económica. La mejora de la velocidad del desliz se obtiene con la inclusión de dos ejercicios en el plan de entrenamiento: el snatch balance y el drop snatch.

El snatch balance puede observarse en la figura 7. El levantador comienza el ejercicio con la barra en la espalda como en un back squat, pero la barra es sujetada con la separación entre manos del snatch. La separación de los pies es la separación óptima para impulsar la barra, es decir, la misma separación de pies de la posición inicial del snatch. El levantador realiza un press utilizando el impulso de las piernas; al igual que un jerk, el impulso debe ser suficiente para que los pies se separen completamente del suelo y, mientras esto pasa, se desplazan pasando a la posición óptima para la mayor profundidad. Se realiza un desliz profundo que ayuda a la fijación de la barra sobre la cabeza.

**Figura 7.** Snatch Balance.

El drop snatch es un ejercicio similar al snatch balance; el levantador realiza el mismo gesto pero sin realizar un impulso con las piernas. La intención del drop snatch es la de meterse debajo de la barra sin levantarla de su posición inicial, aunque una sutil elevación de la barra en el comienzo del ejercicio es aceptada. Debido a esto el drop snatch comienza con una separación de pies equivalente a la separación óptima para un desliz profundo (a diferencia del snatch balance) y, el levantador no realiza un press, sino que ejerce un rápido desliz intentando dejar la barra en su posición original, hasta que finalmente la barra descienda hasta ser fijada en la posición final del snatch. Se puede observar la secuencia de un drop snatch en la figura 8.

**Figura 8.** Drop Snatch.

El snatch balance puede realizarse hasta con un 100% de la 1RM del snatch mientras que el drop snatch se puede realizar hasta con un 75%-80% de la 1RM del snatch. Naturalmente, cuando el objetivo de utilizar estos ejercicios es mejorar la velocidad del desliz, se debe comenzar con pesos livianos. En el caso del snatch balance, trabajar con pesos del 75% del máximo snatch suele ser adecuado; estos pesos se irán incrementando eventualmente en las próximas semanas desde la inclusión del ejercicio. Con el drop snatch lo correcto es comenzar con pesos del 60% de la 1RM del snatch, para eventualmente ir incrementando la exigencia.

## Conclusiones

Son muchos los componentes que garantizan una técnica óptima en el snatch (o en el clean) pero el componente más básico para garantizar que el levantamiento sea exitoso es la capacidad de elevar la barra hasta una altura mínima llamada "altura crítica".

La altura crítica, a su vez, depende de la capacidad del levantador de bajar lo más profundo posible durante el desliz, de esta manera se pueden desplazar mayores pesos y el levantamiento se vuelve más económico.

Si el levantador es capaz de optimizar su desliz lo más profundo posible pero no es capaz de realizarlo de forma rápida, la barra debe ser recibida por encima de la altura crítica, perdiendo eficiencia. Ambos factores, velocidad y profundidad, deben ser optimizados.

## Aplicaciones prácticas

La profundidad del desliz puede ser evaluada por medio de un squat liviano, de esta manera se pueden probar distintas configuraciones de separación y rotación de pies para evaluar cual de ellas da lugar a la mayor profundidad.

También se deben considerar posibles problemas de movilidad del miembro inferior, que puedan comprometer la profundidad del desliz/squat y, en el caso de identificarlos, se debe trabajar la movilidad para conseguir a largo o mediano plazo ganancias en la economía del levantamiento.

La velocidad del desliz es uno de los factores clave para optimizar la técnica del snatch. Las velocidades excesivamente lentas en el desliz son evidentes a simple vista, y se pueden observar con mucha frecuencia en levantadores principiantes.

Los problemas de velocidad de levantadores más experimentados son difíciles de identificar por medio de la mera observación visual, por lo que recurrir al análisis en vídeo con capturas de cámara lenta de la ejecución del snatch, es la mejor herramienta.

Se debe prestar especial atención a la fase de amortiguación del snatch con pesos del 90-100% para, de esta forma, evaluar si se debe trabajar en la velocidad del desliz.

Para mejorar la velocidad del desliz se utilizan los ejercicios snatch balance y drop snatch.

# Capítulo 2
## Las Velocidades del Tirón

Está claro que los ejercicios propios de la halterofilia se realizan de forma exitosa cuando el levantador logra desplazar la barra a gran velocidad. A diferencia de otros ejercicios propios del entrenamiento de fuerza, en los ejercicios de halterofilia la velocidad es un factor clave para completar un levantamiento. Esta realidad lleva a muchos levantadores a creer que al comienzo de un snatch o un clean la barra debe levantarse lo mas rápido posible, pero esta creencia es incorrecta. Para lograr la mayor velocidad de ascenso de la barra en el momento más importante del levantamiento es vital comenzar el levantamiento de una forma relativamente lenta. A este complejo aspecto de la técnica se lo conoce como las "velocidades del tirón".

*Los conceptos que se van a tratar en este capítulo se aplican tanto para el snatch como para el clean, pero por una cuestión de practicidad se mencionará solo el snatch.*

A la fase del levantamiento en donde la barra es levantada desde el suelo hasta la completa extensión de tobillos, rodillas y cadera se le llama tirón (*pull*). El tirón es un movimiento de vital importancia que define el ascenso de la barra hasta la altura crítica. Este movimiento es continuado por la fase de *turnover under* (el comienzo del desliz). Al comienzo del desliz la capacidad del levantador de seguir ejerciendo fuerzas que contribuyan con el ascenso de la barra es muy limitada; aun así, la barra sigue ascendiendo gracias a la fuerza previamente impuesta durante el tirón.

La importancia del tirón es tan grande en el levantamiento de pesas que ha sido producto de innumerables investigaciones. Tradicionalmente el tirón se dividió en primer tirón (*first pull*) y segundo tirón (*second pull*), pero las investigaciones observaron una serie de fenómenos biomecánicos entre el primer y segundo tirón, y debido a su relevancia, en los años 60 se decidió llamar "transición" al traspaso entre el primer y segundo tirón.

Para definir a estas fases de forma simple, podemos considerar al primer tirón como la fase del levantamiento en donde la barra es levantada desde el suelo hasta aproximadamente la altura de las rodillas. La transición se desarrolla desde la altura de las rodillas hasta que la barra llega a las caderas (con el tronco del levantador recto en relación al suelo) y a partir de ese punto se desarrolla el segundo tirón (figura 9). Por otro lado, para definir con precisión estas fases, es importante tener en cuenta un fenómeno muy particular que se da durante el tirón, la "doble flexión de rodillas".

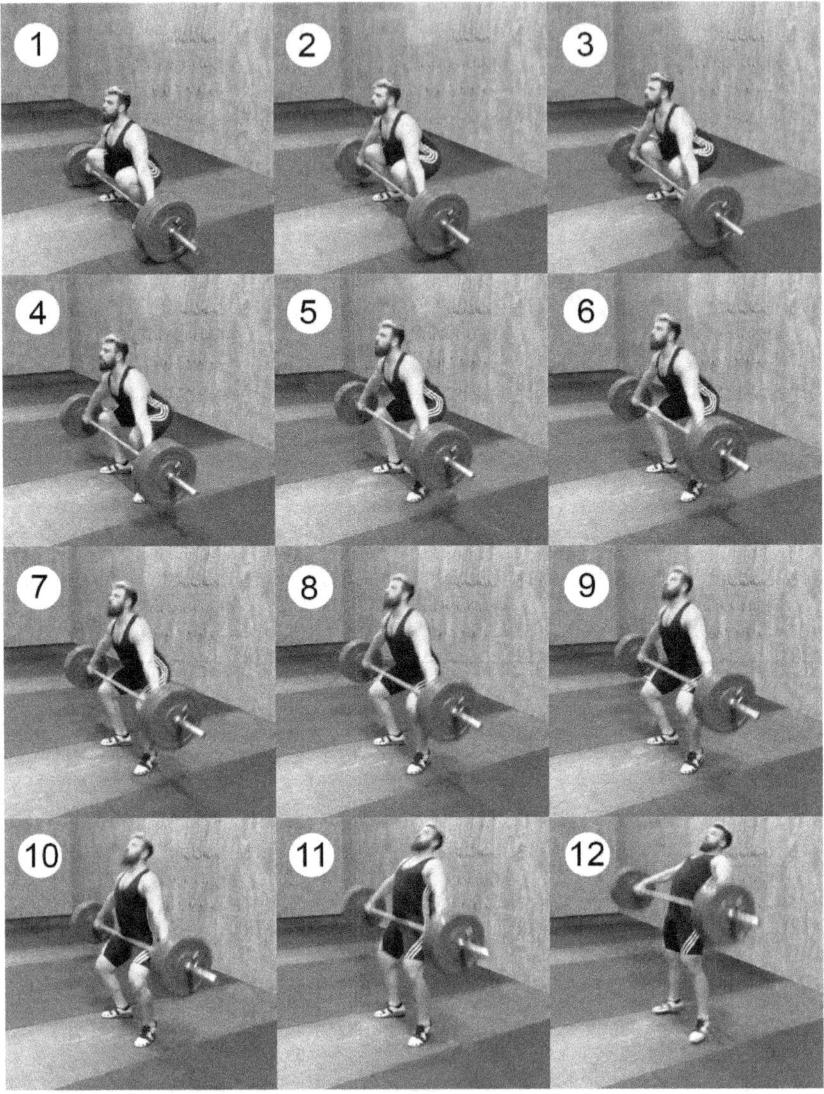

**Figura 9.** Tres fases del tirón: primer tirón (fotogramas 1 a 5), transición (fotogramas 7 a 9) y segundo tirón (fotogramas 10 a 12).

Al analizar detenidamente la biomecánica del tirón, se puede observar que la barra mantiene un continuo ascenso durante el movimiento y se esperaría que esto fuera acompañado por una extensión de rodillas ininterrumpida; sin embargo, esto no es así. Cuando la barra se encuentra aproximadamente a la altura de las rodillas, la extensión de las mismas se detiene para comenzar una pequeña flexión y luego volver a extenderse. Este movimiento de doble flexión de rodillas (se puede observar en la figura 10), es lo que motivó a considerar la fase de transición entre el primer y segundo tirón.

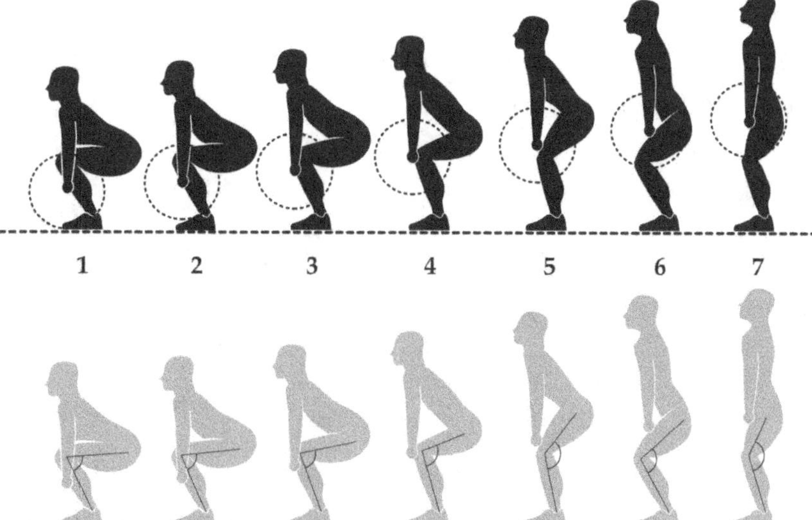

**Figura 10**. Doble flexión de rodillas (*Double Knee Bend*). En cada figura de la secuencia se puede observar que la barra está más elevada que en la figura anterior (de 1 a 7), por lo tanto, la barra está ascendiendo durante el tirón. Al observar la flexión de rodillas se puede ver que de 1 a 5 la rodilla se está extendiendo, pero en 6 se flexiona para volver a su extensión en 7.

De esta manera la definición rigurosa de las fases del tirón depende de la doble flexión de rodillas. El primer tirón comienza desde el instante en que la barra se separa del suelo hasta la primer máxima extensión de las rodillas. La transición se desarrolla desde la primer máxima extensión de las rodillas hasta su posterior máxima flexión, y, finalmente, el segundo tirón comienza a partir de ese punto.

La velocidad final que alcance la barra al final del tirón es lo que define el éxito del levantamiento; si la velocidad no es apropiada entonces la barra no llegará a la altura crítica. No obstante, aunque contra-intuitivo, comenzar el movimiento lo más veloz posible compromete la velocidad que se alcanza al final del tirón. En la figura 11 se puede observar la gráfica de velocidad en función del tiempo de un snatch.

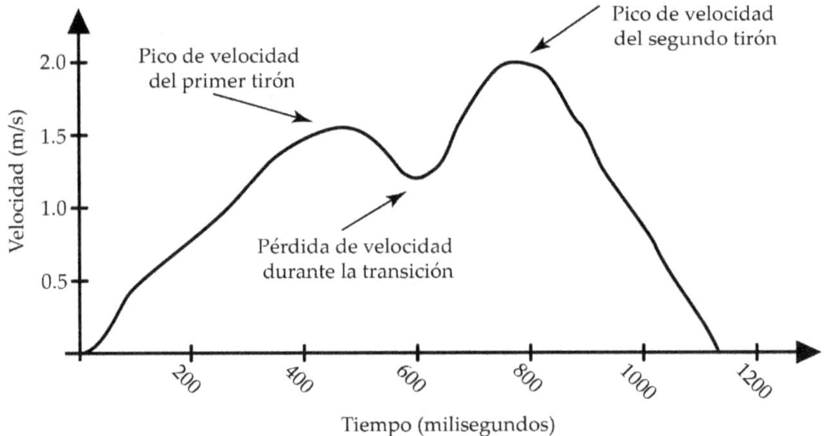


**Figura 11.** Velocidad de la barra en función del tiempo; se puede observar un incremento de velocidad durante el primer tirón pero una pérdida de velocidad durante la transición.

Es importante que el lector pueda interpretar la gráfica de la figura 11 de forma apropiada. En esta gráfica se presenta la velocidad de la barra (no la posición) desde que esta se encuentra en el suelo hasta el final del tirón y comienzo del desliz. Se puede observar que la velocidad de la barra se va incrementando durante el primer tirón, pero al llegar a la transición la barra pierde velocidad. Esta pérdida de velocidad es una consecuencia biomecánica del levantamiento, y la velocidad final de la barra, la que define el éxito del levantamiento, se ve afectada por este fenómeno.

La importancia de una velocidad controlada durante el primer tirón se debe a que si la velocidad del primer tirón es muy acentuada, entonces la pérdida de velocidad durante la transición es mayor; esto compromete la velocidad final del tirón. La figura 12 muestra lo que pasa cuando el levantamiento se realiza con un primer tirón muy rápido.

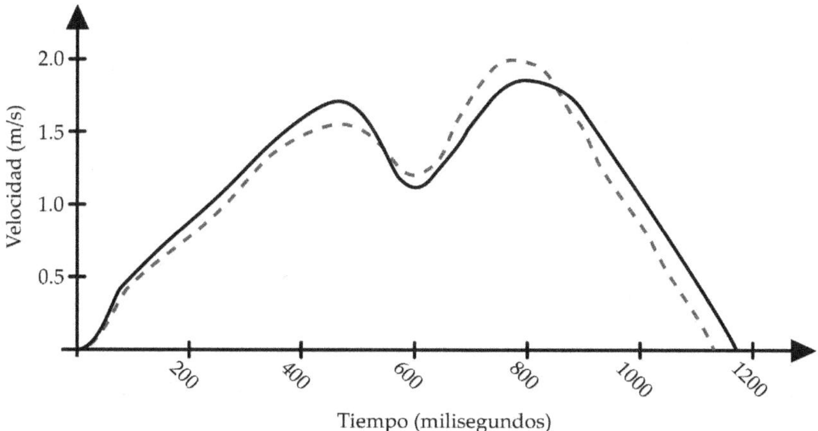


**Figura 12.** Velocidad de la barra en función del tiempo; comparación de un primer tirón a velocidad apropiada y uno muy rápido. La línea punteada representa un levantamiento con un primer tirón realizado con velocidad apropiada. La línea continua representa uno con un primer tirón más rápido. Se puede observar una pérdida mayor de velocidad durante la transición que compromete el pico de velocidad durante el segundo tirón.

Se puede observar entonces que un primer tirón muy rápido acentúa la pérdida de velocidad durante la transición, lo cual compromete la velocidad final del segundo tirón, factor asociado al éxito del levantamiento.

Aunque en general se dice que durante la transición siempre se pierde algo de velocidad como muestra la figura 11, lo cierto es que algunos levantadores de élite (especialmente los chinos) logran mantener una velocidad constante durante la transición; aunque cuando la gráfica se analiza desde la aceleración, siempre se observa un descenso de la aceleración a cero durante esta fase[3].

En el año 1987 se realizó el primer mundial femenino de halterofilia. Al contrastar los datos con el mundial de 1998 se observó que, tras once años, el peso levantado por las mujeres se incrementó de forma drástica. A su vez, el tiempo en el que se realizaba el primer tirón se redujo en un 12%[4], lo cual supone una menor velocidad en el primer tirón, siendo esto indicador de perfeccionamiento técnico.

Es difícil fijar un parámetro preciso de cuanto tiempo debe durar el primer tirón; las investigaciones soviéticas de finales de los años 70 determinaron que el tiempo óptimo para el primer tirón del snatch estaba entre 400 y 500 milisegundos[5]. Gourgoulis et al.[6] observaron tiempos de aproximadamente 500 milisegundos en levantadores de la selección de Grecia. Korkmaz y Harbili[7] analizaron la técnica de levantadoras juveniles de élite de Turquía, observando en promedio un tiempo de 632 milisegundos, mientras que Campos et al.[8], en su investigación realizada en el campeonato

Europeo juvenil masculino de 2003, observaron que los levantadores livianos realizaban el primer tirón en un promedio de tiempo de 489 milisegundos, entretanto que los levantadores pesados tenían un promedio de 536 milisegundos.

Aunque estos y otros estudios aportan información valiosa, es difícil, para los entrenadores, evaluar con precisión de milésimas de segundo la velocidad del primer tirón. Además, queda claro que la velocidad óptima depende de la individualidad del levantador. Una velocidad excesivamente lenta en el primer tirón, también compromete la ejecución del ejercicio; por lo tanto, el primer tirón se debe realizar con una velocidad controlada. El principal error es tratar de hacerlo a la mayor velocidad posible. El levantador debe controlar la velocidad hasta que la barra llegue a la altura de las rodillas para luego desplazarla a la mayor velocidad posible.

También se debe tener en cuenta que el primer tirón del snatch se realiza sutilmente más rápido que el primer tirón del clean. En general, el mayor peso utilizado en el clean garantiza esto, pero se puede evaluar la velocidad del primer tirón de ambos ejercicios con vídeo capturas de cámara lenta para identificar un posible error.

Las velocidades del tirón son un aspecto técnico avanzado que no es prudente intentar desarrollar desde el proceso de enseñanza de la técnica. Es más conveniente apelar a un desarrollo técnico adecuado desde sus otros componentes, e introducir al levantador a las correctas velocidades del tirón al momento que disponga de una técnica decente. En general, cuando el entrenador presenta este concepto al levantador y comienzan con su implementación, se puede observar (en algunos levantadores) una dificultad para entender el movimiento del tirón (primer tirón, transición y segundo tirón) como un todo, pudiendo pasar que el levantador detenga el asenso de la barra completamente al llegar a las rodillas. Es importante para los entrenadores insistir en evitar esto y lograr un movimiento continuo que solo presente cambios armoniosos en la velocidad, pero nunca la completa detención de la barra o cambios de velocidades abruptos.

Por otro lado, aunque este aspecto se desarrollará más adelante en este libro, es importante mencionar que la pérdida de velocidad acentuada que se observa en la transición cuando el primer tirón es muy rápido también se observa cuando el levantador comienza el levantamiento con la cadera muy elevada o cuando durante el primer tirón realiza una elevación prematura de cadera.

Debido a esto último, es importante mantener una postura óptima de cadera y una correcta elevación de la misma (lo cual depende de la extensión de rodillas) durante el primer tirón, para de esta manera mantener una técnica óptima, que permita llegar a la mayor velocidad de ascenso de la barra al final del tirón.

## Conclusiones

El tirón es la fase del movimiento en donde el levantador ejerce fuerza para que la barra ascienda hasta la altura crítica. Tanto en el clean como en el snatch el tirón se divide en primer tirón, transición y segundo tirón.

Durante la transición se observa una pérdida de velocidad y aceleración que se acentúa si el primer tirón se realiza de una forma muy rápida; esto también se observa si el levantador comienza el movimiento con la cadera muy elevada o si realiza una elevación prematura de cadera.

El primer tirón del snatch es sutilmente mas rápido que el primer tirón del clean.

## Aplicaciones prácticas

El primer tirón debe realizarse a una velocidad controlada, no a la máxima velocidad que el levantador puede realizar este movimiento; esto implica limitar la velocidad de ascenso de la barra hasta llegar a la altura de las rodillas y tratar de levantar la barra lo mas rápido posible después.

La pérdida de velocidad y aceleración que se observa durante la transición cuando el primer tirón es muy rápido, también se observa cuando el levantador tiene una posición inicial con la cadera muy elevada o cuando realiza una elevación prematura de la cadera; se debe evitar esto.

# Capítulo 3
## El Desplazamiento Horizontal

En general, a la hora de mover una carga, de un punto a otro, la trayectoria óptima es una línea recta. Sin embargo, la trayectoria de un snatch o un clean no es una línea recta, pues existe un desplazamiento vertical, que es el desplazamiento que permite el ascenso de la barra hasta la altura crítica, y un desplazamiento horizontal. Si el desplazamiento horizontal es muy acentuado la técnica pierde eficiencia, pudiendo esto comprometer el éxito del levantamiento.

*Los conceptos que se van a tratar en este capítulo se aplican tanto para el snatch como para el clean, pero por una cuestión de practicidad se mencionará solo el snatch.*

A mediados del siglo pasado, cuando los soviéticos investigaron la técnica de los ejercicios de halterofilia con fotogramas, pudiendo por primera vez observar la trayectoria exacta dibujada por el movimiento de la barra, se llevaron una gran sorpresa al descubrir que esta trayectoria no era una línea recta sino que presentaba una serie de curvas. Lo lógico era suponer que la trayectoria fuera una línea recta representando solo un desplazamiento vertical, pero cierto desplazamiento horizontal estaba siempre presente en la trayectoria de levantadores de todos los niveles.

Lamentablemente este hallazgo pasó desapercibido por muchos años. No fue hasta después de 1960 cuando se empezó a prestar atención a este fenómeno, observándose que antes de esta fecha, los propios manuales soviéticos de entrenamiento afirmaban que la trayectoria óptima y más conveniente era una trayectoria recta[9]. Tras muchas investigaciones se llegó a la representación estándar de la trayectoria del snatch que es la que se muestra en la figura 13.

Aunque esta trayectoria no es la única trayectoria posible, y recientes estudios biomecánicos cuestionan el hecho de que sea la trayectoria óptima, a los efectos del presente capítulo se usará esta trayectoria como ejemplo.

La trayectoria de la barra es el resultado de la interacción de los centros de gravedad del levantador y de la barra a lo largo del movimiento, así como el posicionamiento de los segmentos del cuerpo de la forma que permitan la mayor ventaja biomecánica[9].

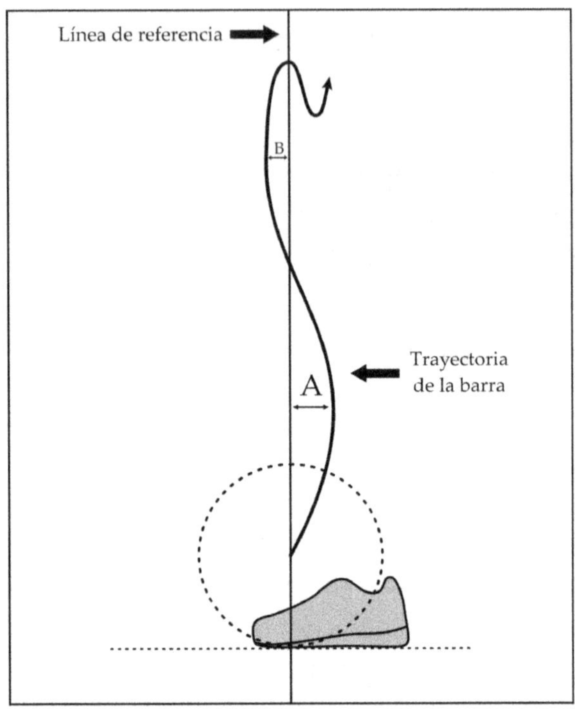


**Figura 13**. Representación de la trayectoria estándar del snatch. La línea de referencia es una perpendicular al suelo que pasa por el punto en donde la barra da comienzo al movimiento. Se puede observar el desplazamiento horizontal durante el primer tirón (A) y durante el segundo tirón (B). La representación dibuja el desplazamiento de la barra si esta es observada lateralmente. En este tipo de figuras es habitual colocar el zapato del levantador para que el lector se oriente en relación a la dirección en la que el atleta está mirando.

Cuando se busca realizar un levantamiento óptimo, el desplazamiento horizontal de la barra es inevitable. Se puede entonces observar en la figura 13 que la trayectoria de la barra presenta dos desplazamientos horizontales; el desplazamiento horizontal representado con la letra A corresponde al primer tirón. La barra se acerca al cuerpo del levantador, permitiendo esto que el centro de gravedad de la barra no se aleje horizontalmente del centro de gravedad del levantador y también que las palancas de las articulaciones actúen de forma más eficiente a la hora de aplicar fuerza para el ascenso de la barra.

Por otro lado, en la figura 13 también se puede observar un segundo desplazamiento horizontal representado como B. Este desplazamiento aleja la barra de la línea de referencia (y del cuerpo del levantador). La causa de este desplazamiento es el "adelantamiento" de cadera que se da durante el segundo tirón. Un desplazamiento horizontal acentuado, que aleje la barra mucho del cuerpo del levantador, compromete seriamente el levantamiento.

En este último punto la evidencia ha generado un poco de confusión en la comunidad de entrenadores. Gourgoulis et al.[6] investigaron en la selección de levantamiento de pesas de Grecia las posibles causas del fallo en el snatch, observando que no había diferencias significativas entre el desplazamiento horizontal durante el segundo tirón en aquellos levantamientos exitosos o no exitosos. Estos datos son similares a los observados por Zhiyuan et al.[10] quienes realizaron un estudio similar en levantadores chinos de élite. Rummells[11], en su análisis biomecánico de levantamientos exitosos y no exitosos, también volvió a observar, esta vez en levantadoras de nivel nacional de Estados Unidos, que el desplazamiento horizontal durante el segundo tirón no estaba asociado al fallo del snatch.

Estos hallazgos son esperables pero, como fue mencionado anteriormente, generan un poco de confusión. Los levantadores de élite o de cierto nivel, debido a su grado de perfeccionamiento técnico, nunca producen un desplazamiento horizontal lo suficientemente acentuado como para comprometer el éxito del levantamiento. Aunque ellos puedan cometer errores técnicos que supongan el fallo del snatch, estos suelen ser errores asociados a otros aspectos biomecánicos del movimiento, y, debido a su elevado nivel técnico y los grandes pesos que desplazan, se suele tratar de detalles muchas veces milimétricos.

Un desplazamiento horizontal acentuado durante el segundo tirón es uno de los errores más comunes en levantadores principiantes o de nivel medio. Este error habitualmente compromete el éxito del levantamiento; eso se debe a que alejar mucho la barra del cuerpo genera una trayectoria semicircular en el segundo tirón, la barra continúa su rumbo hacia atrás y el levantador es incapaz de fijarla para completar el levantamiento (figura 14).

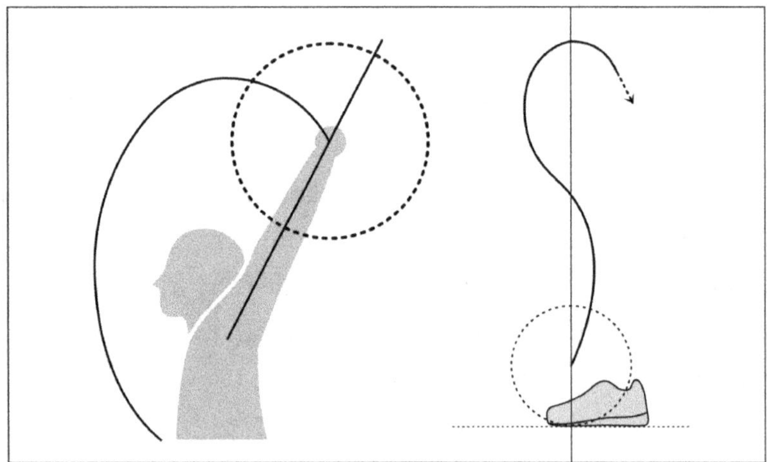

**Figura 14.** Desplazamiento horizontal acentuado durante el segundo tirón en el snatch.

El desplazamiento horizontal acentuado debe evitarse, debiendo ser instruido el levantador para que la barra no se aleje de forma significativa durante el segundo tirón. Esto suele suceder cuando el adelantamiento de la cadera es muy pronunciado o cuando la barra es golpeada por la cadera.

Cuando atletas principiantes o de nivel intermedio logran realizar el segundo tirón con una trayectoria adecuada, es posible que generen algunas variaciones entre ejecución y ejecución. Es decir, a pesar de lograr una trayectoria óptima en algunos levantamientos, realizarán otros levantamientos en donde la trayectoria presenta un desplazamiento horizontal demasiado acentuado, comprometiendo el éxito del levantamiento. Durante el primer tirón esta situación es menos habitual. Observar variaciones en la trayectoria del primer tirón no es común, incluso entre levantadores principiantes.

Esto no significa que no existan errores asociados al primer tirón. En sus investigaciones sobre los aspectos cinemáticos del snatch en levantadores de élite, Gourgoulis et al.[6] y Zhiyuan et al.[10], observaron que la única diferencia que caracterizaba a los levantamientos no exitosos de los exitosos estaba asociada a una desviación del vector de fuerza aplicado a la barra durante el primer tirón.

Para los entrenadores es imposible evaluar de forma visual problemas asociados a los vectores de fuerza del primer tirón, especialmente cuando este aspecto no se manifiesta de forma significativa en la trayectoria de la barra. Se debe instruir al levantador para que trate de realizar el primer tirón manteniendo siempre contacto de la barra con la pierna (eso garantiza la curvatura propia del primer tirón) y que a su vez la fuerza se aplique sobre la barra de forma vertical.

## Conclusiones

Contrario a lo que se puede intuir, por cuestiones biomecánicas, la trayectoria de la barra no es una línea recta sino que presenta algunas curvas.

El principal desplazamiento de la barra es el desplazamiento vertical, que es el que permite el ascenso de la barra hasta la altura crítica.

En general, en la trayectoria estándar del snatch se observan dos desplazamientos horizontales, uno durante el primer tirón en donde la barra se acerca al cuerpo del levantador y otro durante el segundo, en donde la barra se aleja del cuerpo del levantador.

Los levantadores de élite no realizan un desplazamiento horizontal durante el segundo tirón que pueda llegar a comprometer la eficiencia o el éxito del levantamiento; aun así, por cuestiones biomecánicas, un desplazamiento horizontal muy acentuado compromete seriamente la eficiencia y las probabilidades de éxito de un levantamiento. Este error técnico es muy común en levantadores principiantes y de nivel intermedio.

**Aplicaciones prácticas**

Se debe mantener un desplazamiento horizontal adecuado durante el segundo tirón.

En caso de que el levantador esté fallando los levantamientos con una frecuencia muy alta, se le debe prestar atención a este aspecto y, cuando el desplazamiento sea acentuado, se debe instruir al levantador para que mantenga la barra más próxima al cuerpo.

En el caso de observar este error también se le debe prestar atención a la posición de la cadera durante el segundo tirón y ver si el levantador golpea la barra con la cadera.

En general, la trayectoria del primer tirón se realiza correctamente cuando el levantador mantiene contacto de la barra con la pierna (porción anterior) durante esta fase del movimiento, pero es importante que la fuerza se realice de la forma más vertical posible.

# Capítulo 4
## El Salto

La potencia del miembro inferior utilizada por el levantador para propulsar ascendentemente la barra es tan grande que, ya sea por una fracción de milímetro o por algunos centímetros, los pies del levantador se despegan completamente del suelo. Es durante este "salto" que el levantador aprovecha para realizar el desplazamiento lateral de pies, cambiando el ancho óptimo para propulsar la barra por el ancho óptimo de profundidad de desliz. Pero el desplazamiento de pies no siempre implica un movimiento exclusivamente lateral, ya que algunos levantadores saltan hacia atrás o incluso hacia adelante. Este tipo de saltos podría suponer una ventaja o un error técnico.

*Los conceptos que se van a tratar en este capítulo se aplican tanto para el snatch como para el clean, pero por una cuestión de practicidad se mencionará solo el snatch.*

Aunque la fuerza del miembro superior es importante para los levantadores de pesas, la potencia del miembro inferior es la que más contribuye al ascenso de la barra. Tal es así que la potencia desarrollada por el miembro inferior durante los levantamientos logra que los pies del levantador se separen completamente del suelo en un movimiento comúnmente denominado "salto". Durante el salto el levantador realiza el desplazamiento lateral de pies, pero en ocasiones los pies también tienen otro tipo de desplazamientos, pudiendo el levantador finalizar el salto con los pies más adelante de su posición inicial, mas atrás, en el mismo lugar o incluso finalizar el salto con los pies asimétricos (uno significativamente más adelante que el otro).

La posición final del salto está estrechamente relacionada a la trayectoria de la barra ya que el levantador finaliza el salto por delante o por detrás (o en el lugar) para recibir la barra en la posición que la haya dejado su tirón. En otras palabras, si el tirón define una trayectoria en donde la barra queda por delante del levantador, el levantador probablemente saltará hacia adelante para poder recibir y fijar la barra encima de su cuerpo. Como muestra la figura 15, es imposible fijar la barra si esta queda por delante del cuerpo del levantador.

Se ha divulgado de forma extensa tanto en internet como en parte de la literatura especializada que saltar hacia atrás siempre es un error técnico, pero esto es incorrecto. En este capítulo se presentarán algunos de los argumentos que respaldan esta afirmación. En general, saltar hacia adelante es un error técnico, mientras que saltar en el lugar o hacia atrás no lo es.

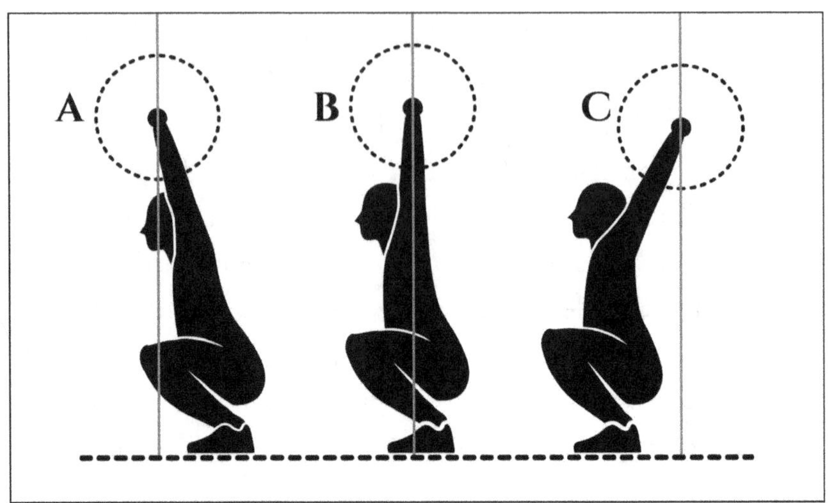



**Figura 15.** Barra fijada en distintas posiciones relativas al cuerpo del levantador. La barra es fijada por delante (A), en una posición adecuada que se alinea con los centros de gravedad de los segmentos del levantador (B), y mal fijada por detrás (C).

Schilling et al.[12], en su investigación sobre como la posición final del salto afecta el éxito del snatch, observó que la tasa de éxito del snatch (en condiciones de competencia) era de un 58,8% para los levantadores que saltaban hacia adelante, 64,7% para los levantadores que saltaban en el lugar, 66,7% para los levantadores que saltaban hacia atrás y de tan solo un 37,5% para los levantadores que finalizaban el salto con los pies de forma asimétrica (figura 16).

Se puede observar, por tanto, que la tasa de levantamientos exitosos de quienes saltan hacia atrás, adelante o en el lugar son muy similares, pero quienes finalizan el salto con los pies en una posición asimétrica presentan una tasa de éxito muy baja; esto significa que fallan la mayoría de los levantamientos.

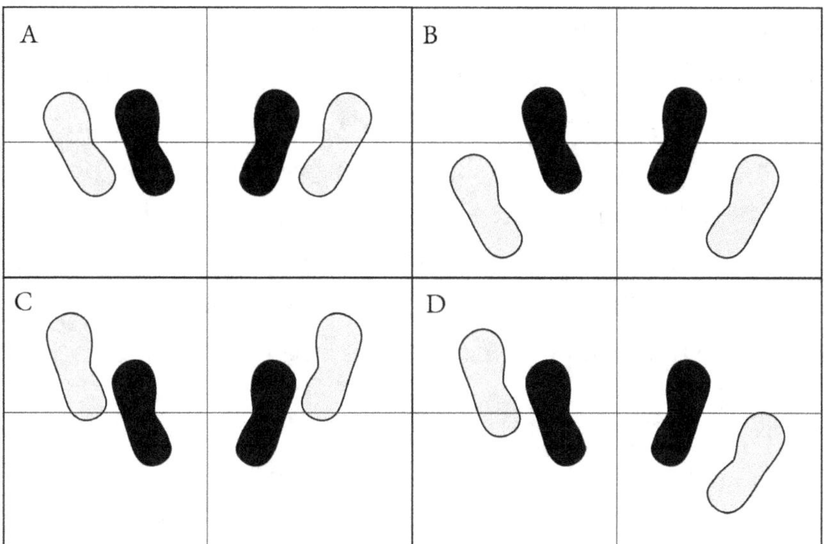

**Figura 16**. Posición inicial y final de los pies durante el snatch. Los pies oscuros indican la posición inicial y los claros la posición final. El levantador realiza un salto en el lugar (A), un salto hacia atrás (B), un salto hacia adelante (C) y un salto que finaliza con una posición asimétrica de pies (D).

En el capítulo anterior se desarrolló el concepto de trayectoria del levantamiento y se definió una trayectoria estándar. Esta trayectoria atraviesa la línea de referencia dos veces y se corresponde con lo que comúnmente se define como "trayectoria tipo A". Existe otro tipo de trayectorias en donde la barra no cruza la línea de referencia, esta trayectoria es comúnmente definida como "trayectoria tipo B" (figura 17).

En 1978, Vorobyev[13], en su manual de entrenamiento de la halterofilia, definió la trayectoria tipo A como la trayectoria óptima, y la trayectoria tipo B como una trayectoria inadecuada, virtualmente como un error técnico. La popularidad del libro de

Vorobyev, el cual fue traducido a varios idiomas y se posicionó como uno de los libros esenciales sobre entrenamiento en este deporte, ayudó a instaurar la idea de que dicha trayectoria era incorrecta, pero en los años siguientes entrenadores y científicos del deporte realizarían observaciones que estarían en conflicto con las afirmaciones de Vorobyev. La relevancia de esta trayectoria, cuando se analiza el salto durante el snatch, radica en que la trayectoria tipo B implica un salto hacia atrás.

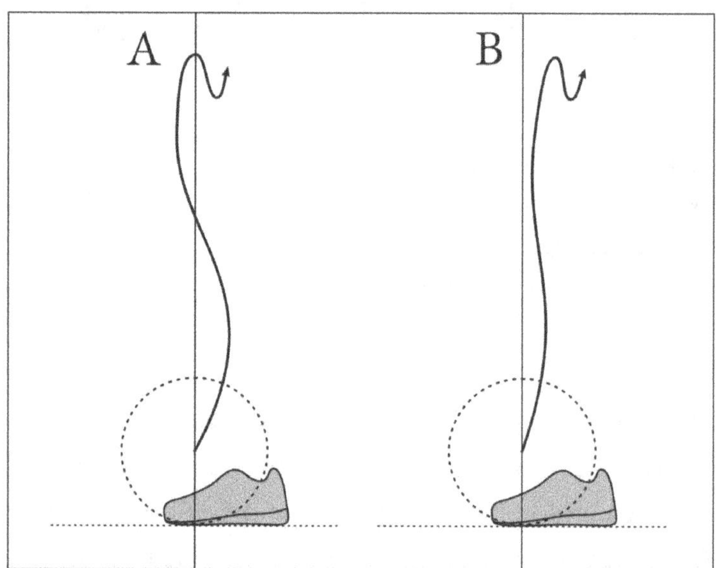


**Figura 17**. Trayectoria tipo A y tipo B. La trayectoria tipo A atraviesa dos veces la línea de referencia; la trayectoria tipo B no la atraviesa, el desplazamiento de la barra se da por detrás de ella.

En 1982, Roman y Shakirzyanov[14] reportaron que levantadores soviéticos de élite saltaban entre 10 y 18 cm hacia atrás. Hiskia en 1997, observó que la trayectoria óptima definida por Vorobyev (trayectoria tipo A) se observaba solamente en un 8,5%

de levantadores de élite hombres y en un 22,4% de levantadoras de élite[15]. Por otro lado, Musser et al.[16], en su estudio sobre la trayectoria de la barra de las mujeres durante el campeonato Panamericano de levantamiento de pesas de 2009, observaron que ninguna de las levantadoras que tenían una trayectoria tipo A consiguieron medallas en el evento, mientras que dentro de las levantadoras que consiguieron medalla, el 72% presentaban una trayectoria tipo B.

Si bien la estrecha relación entre la trayectoria tipo B y el salto hacia atrás no es una regla sin excepciones, son contados los casos de levantadores que a pesar de presentar este tipo de trayectoria saltan en el lugar. Una de estas raras excepciones es Yurik Vardanian, un destacado atleta de la extinta unión soviética, quien durante el snatch saltaba en su lugar pero ejerciendo una trayectoria del tipo B. Dejando de lado estos casos excepcionales, se puede confiar que los levantadores que presentan una trayectoria tipo B, saltan hacia atrás durante el snatch.

Las razones biomecánicas por las cuales Vorobyev[13] calificó a la trayectoria tipo B y al salto hacia atrás durante el snatch como inadecuados, fueron re-analizadas y refutadas por Stone et al.[17], quienes, al contrario de lo estipulado por Vorobyev, sugirieron que este tipo de trayectoria es superior por permitir aplicar una mayor porción de la fuerza de forma vertical.

En la actualidad, existen varias posturas al respecto, existiendo muchos entrenadores que siguen calificando el salto hacia atrás durante el snatch como un error técnico y la trayectoria tipo A superior a la de tipo B, pero el peso de la evidencia y la predominancia de este tipo de técnicas en levantadores de élite sugiere lo contrario.

En este punto del análisis se debe resaltar que existe un tipo de patrón de trayectoria en donde el salto hacia atrás sí representa un error técnico, esta trayectoria se muestra en la figura 18.

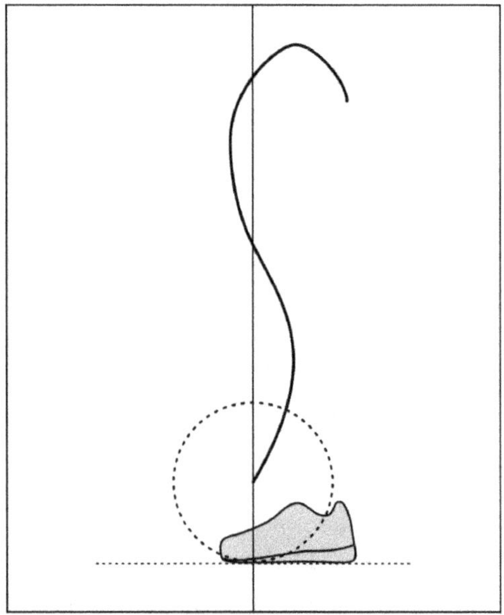

**Figura 18.** Trayectoria tipo A con salto acentuado hacia atrás. Un tipo de trayectoria poco común que compromete la eficiencia y el éxito del levantamiento.

Se trata de un tirón que define una trayectoria tipo A (en el sentido que la línea de referencia es cruzada dos veces) pero en donde la barra finaliza muy por detrás del cuerpo del levantador (y de la línea de referencia) y, por lo tanto, para poder recibir la barra en la posición adecuada, el levantador necesita saltar hacia atrás y movilizar el cuerpo en dicha posición. En este caso la trayectoria es poco eficiente, el levantador sería capaz de desplazar mayores kilos con una trayectoria más apropiada y, por lo tanto, esto es un error técnico que además incrementa drásticamente las probabilidades de fallar el levantamiento. El salto hacia atrás, en este caso, es un indicador de este error, pero no el error sino la consecuencia. Este tipo de error (trayectoria tipo A con un salto acentuado hacia atrás) no es un error habitual.

Por otro lado, la trayectoria depende de otros factores y en muchas oportunidades los levantadores no tendrán la posibilidad de elegir una trayectoria de tipo B (o cualquier otra trayectoria) de manera arbitraria. La longitud de determinados segmentos corporales, así como la morfología de determinados huesos y los puntos de inserción de los músculos, entre otros factores propios de la individualidad del levantador, van a determinar la trayectoria óptima para dicho atleta, siendo un error intentar forzar otro tipo de trayectoria.

Lo principal a tener en cuenta es que, dejando de lado otros elementos técnicos, saltar en el lugar o saltar hacia atrás (con una trayectoria tipo B) implican una técnica correcta, mientras que saltar hacia adelante siempre implica un error técnico. La figura 19 muestra la trayectoria de un levantador que salta hacia adelante durante el snatch.

Al igual que en la figura 18, la figura 19 muestra una trayectoria inadecuada, en donde el levantador necesita desplazar su cuerpo por medio del salto para recibir la barra en la posición necesaria para no perder el levantamiento. En el caso anterior el levantador ajustaba la mala trayectoria saltando hacia atrás, mientras que en el caso actual la ajusta saltando hacia adelante. El salto acentuado hacia atrás, con una trayectoria tipo A que se muestra en la figura 18, es un error técnico muy poco frecuente, mientras que el salto hacia adelante es un error técnico mucho más común.

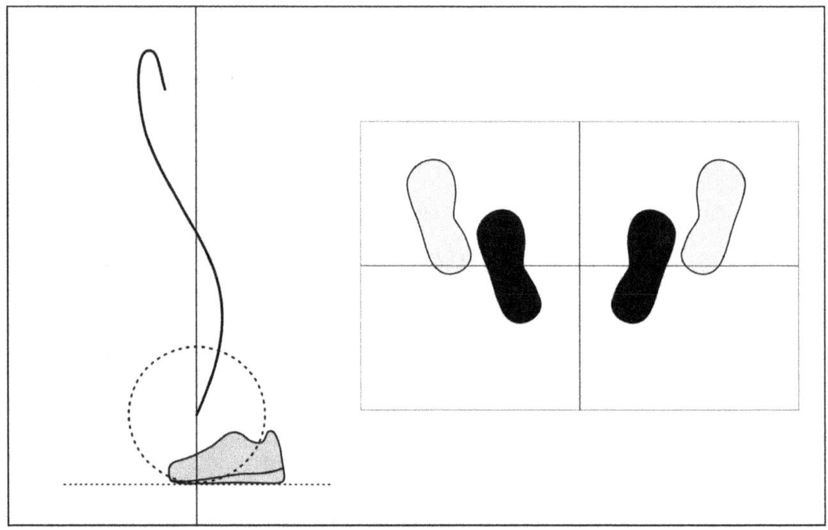

**Figura 19.** Trayectoria del snatch de un levantador que salta hacia adelante.

Otro error técnico asociado al salto durante el snatch es finalizar dicho salto con los pies en una posición asimétrica (figura 16-D). Como fue mencionado al principio de este capítulo, la frecuencia de éxito de los snatch cuando el levantador finaliza el salto con los pies en una posición asimétrica es de un 37,5%[12]. Este es un factor fuertemente asociado al fallo en este levantamiento. No obstante, se debe tener en cuenta que siempre pueden existir pequeñas asimetrías en la posición de los pies al finalizar un snatch, considerando esto como un error técnico solo cuando estas asimetrías representan una distancia considerable entre ambos pies. En su investigación, Schilling et al.[12], observaron una tasa de fallos enorme en el snatch cuando la asimetría entre la posición de los pies representaba una distancia entre ambos mayor a 7 cm.

Sin embargo, se ha teorizado que, cierta asimetría en la posición final de los pies después del salto, podría mejorar el equilibrio al aumentar el área de la superficie de apoyo en el plano sagital[18]. Estas asimetrías se han observado con prevalencia en levantadoras mujeres de China[18]. En su investigación y análisis sobre la técnica del snatch de una de las levantadoras destacadas de la provincia China de Shaanxi, Wang et al.[19] observaron que en su intento exitoso la levantadora realizaba un salto hacia atrás, pero que el pie derecho se desplazaba 22 cm mientras que el pie izquierdo se desplazaba 17 cm. Esta observación está en la línea de lo observado previamente en otras levantadoras chinas[18], pero la asimetría representa 5 cm entre pies, estando por debajo de los 7 cm en donde esta situación pasa a considerarse un error técnico. El efecto de estas sutiles asimetrías sobre el equilibrio del snatch es algo que requiere futuras investigaciones pero, en todo caso, una asimetría por debajo de los 7 cm no necesariamente debe ser considerada un error técnico.

Por lo tanto, desde la perspectiva del salto, son tres los errores técnicos asociados al snatch: saltar hacia adelante, saltar hacia atrás acentuadamente con una trayectoria tipo A y finalizar el salto con los pies en una posición asimétrica (mayor a 7 cm). Es importante agrupar estos tres errores porque todos se corrigen con el mismo ejercicio, el snatch sin salto (también llamado arranque/arrancada sin desplazar, arranque/arrancada sin desplazamiento o *snatch with no jump*).

La inclusión del snatch sin salto en sus dos versiones (con y sin elevación de talones) en el programa de entrenamiento promete ajustar estos errores de trayectoria que dan lugar a este tipo de saltos. Este ejercicio se realiza igual que el snatch pero con dos diferencias fundamentales. Por un lado, la posición inicial del levantador se ajusta de tal manera que se realice con una separación de pies equivalente a la separación utilizada después del desliz de pies (la posición para máxima profundidad). Por otro lado, a diferencia de un snatch clásico en donde el levantador salta al final del segundo tirón, en esta variación del ejercicio el levantador no despegará los pies completamente del suelo y, por lo tanto, no realizará desplazamiento de pies (el cual no es necesario porque este ejercicio comienza y termina con la separación de pies para mayor profundidad). La primer versión de este ejercicio se realiza con la planta del pie siempre en contacto con el suelo, mientras que la segunda versión (snatch sin salto con elevación del talón) el levantador solo tiene permitido levantar el talón. En la figura 20 se muestra el ejercicio.

**Figura 20.** Snatch sin salto (con los pies completamente apoyados sobre el suelo).

El ejercicio se realiza de forma incorrecta cuando el levantador separa los pies completamente del suelo o cuando necesita dar un paso hacia atrás o hacia adelante durante la recuperación. En la figura 21 se muestra al levantador dando un paso hacia adelante.

**Figura 21.** Snatch sin salto con una finalización incorrecta. Debido a que el levantador realizó una trayectoria incorrecta en el movimiento de la barra, fue necesario dar un paso hacia adelante. Esta situación representa el error más común en este ejercicio.

El snatch sin salto restringe la posibilidad de ajustar una mala trayectoria por medio del desplazamiento del cuerpo hacia atrás o adelante y de esta forma va ajustando los errores que derivan en una trayectoria inapropiada que "rescata" el levantamiento por medio del salto. Por otro lado, este ejercicio también corrige el error de caer con los pies desalineados al finalizar el salto, en la medida que este error no esté asociado a otro tipo de asimetrías corporales, de fuerza o movilidad.

Teniendo en cuenta que esta variable del snatch se realiza sin un salto, esto quiere decir que la potencia ejercida por el miembro inferior por parte del levantador se ve voluntariamente disminuida para de esta forma no lograr la completa separación de los pies con el suelo y, por lo tanto, los pesos que se puedan manejar en este ejercicio son menores a los que se puedan manejar en el snatch clásico. La versión del snatch sin salto con elevación de talones permite usar pesos un tanto mayores a la versión normal en donde la planta de los pies no se separa del suelo.

Cuando el levantador presenta alguno de los errores desarrollados en este capítulo es prudente agregar estos ejercicios al plan de entrenamiento con una frecuencia de una a dos veces por semana, sin dejar de realizar el snatch clásico.

## Conclusiones

Además de la trayectoria tipo A donde la barra cruza dos veces la línea de referencia, existe una trayectoria tipo B en donde la barra no cruza la línea de referencia, dándose el movimiento de la barra detrás de ella.

La trayectoria tipo B así como el salto hacia atrás han sido tradicionalmente considerados como poco eficientes o erróneos, incluso después de la aparición de evidencia que respalda ser características del tipo de técnica que utilizan la mayoría de los levantadores de élite.

Saltar acentuadamente hacia atrás, con una trayectoria tipo A, representa un error técnico así como saltar hacia adelante, siendo esta última situación mucho más frecuente que la primera.

También representa un error técnico finalizar el salto con los pies en una posición asimétrica (mayor a 7 cm); este error está fuertemente asociado a una alta frecuencia de fallos del snatch con pesos superiores al 90%.

## Aplicaciones prácticas

Teniendo en cuenta que el salto hacia atrás puede ser o no un error técnico, en el caso que un levantador lo presente es prudente realizar la evaluación de trayectoria para determinar si la trayectoria de dicho levantador es del tipo B (y por lo tanto el salto es correcto) o es del tipo A (y por lo tanto el salto puede representar un error técnico dependiendo de su magnitud).

En el caso de que el levantador presente alguno de los tres problemas asociados al salto se debe incluir en el plan de entrenamiento el ejercicio de snatch sin salto con una frecuencia de una o dos veces por semana.

Si el levantador finaliza el salto con una posición de pies asimétrica el error también puede estar asociado a otro tipo de asimetrías corporales, de fuerza o movilidad y, por lo tanto, estas posibles asimetrías deben ser evaluadas y en el caso de ser identificadas se debe trabajar sobre ellas.

# Capítulo 5
## Frog Style Pull

Una correcta técnica es aquella que optimiza los factores biomecánicos que le permiten al levantador desplazar la mayor cantidad de kilos posible en la barra, para de esta manera completar el levantamiento. La elevación prematura de cadera o comenzar el primer tirón del clean o del snatch con la cadera muy elevada son errores técnicos que sacrifican eficiencia en el levantamiento. Estos errores técnicos son fáciles de corregir en la mayoría de los levantadores pero aquellos que posean un fémur relativamente largo se enfrentan a otras consecuencias que también afectan la eficiencia de los levantamientos, recurriendo muchas veces a una posición elevada de cadera para equilibrar este efecto. Sin embargo, existe otro abordaje para contrarrestar esta consecuencia de la individualidad.

*Los conceptos que se van a tratar en este capítulo se aplican tanto para el snatch como para el clean, pero por una cuestión de practicidad se mencionará solo el snatch.*

En halterofilia muchos atletas y entrenadores ejemplifican la técnica perfecta utilizando como modelo a distintos levantadores de élite que destacan por su perfeccionamiento técnico. Sin embargo, aunque se pueden observar levantadores con un elevadísimo nivel técnico, la técnica perfecta es un ideal que nunca se alcanza, siempre hay algo que mejorar. Aun así, el objetivo de muchos atletas y entrenadores es llegar a tener una técnica similar a la de sus levantadores de élite preferidos, sean de China, Rusia, Hungría o cualquiera de los países más influyentes en este deporte.

Esto parece ser un objetivo razonable, buscar tener una técnica similar a la de aquellos levantadores de élite que compiten a nivel mundial y han alcanzado un elevado nivel de perfeccionamiento en sus movimientos. Sin embargo, este abordaje no contempla la individualidad biológica. Todos somos diferentes, a nivel fisiológico y morfológico.

En general, los asiáticos tienen los miembros más cortos en relación al tronco, lo cual les permite tener una ventaja en este deporte y también, en conjunto con otras características morfológicas, tienen mayor probabilidad de realizar exitosamente el squat jerk, una alternativa más económica al split jerk (el segundo tiempo del clean & jerk). Polonia es el país que presenta mayor tasa de displasia de cadera[20], una condición caracterizada por un acetábulo de la cadera relativamente plano (poco profundo), lo cual puede conferir algunos problemas de salud asociados al miembro inferior, especialmente al alcanzar la tercera edad; pero, por otro lado, ofrece mayor movilidad y la capacidad de llegar más profundo en un squat, presentando los levantadores de este país, una técnica muy económica. En países como Colombia o Venezuela (entre otros) donde es común que los levantadores tengan el miembro superior muy largo, para contrarrestar la desventaja biomecánica que esto supone en este deporte, los atletas utilizan una estrategia muy particular durante el clean & jerk en donde la separación entre las manos al sujetar la barra es modificada (incrementada) una vez finalizado el clean, para de esta manera tener un ancho de agarre con menos recorrido en el jerk.

Por lo tanto, muchos de los levantadores de élite presentan características técnicas que se adecúan a sus características físicas, no siendo posible o conveniente para otros atletas tratar de replicar sus técnicas, y si bien estas características morfológicas se observan con predominancia o con mayor frecuencia en distintas regiones del mundo, no es relevante la procedencia del deportista, sino si posee o no alguna de estas características. Cada levantador va a tener su "estilo", es decir, características propias de su técnica que permitan optimizarla en función de su individualidad y que no son necesariamente transferibles a otro levantador de distintas características.

Dentro de las características físicas que ameritan una técnica modificada, tener un miembro inferior largo en relación al tronco es la más comúnmente observada. Cuando el levantador posee un miembro inferior largo la rodilla podría proyectarse excesivamente hacia adelante en la posición inicial del levantamiento; esto deforma la trayectoria del primer tirón, y, de esta manera, aleja el centro de gravedad de la barra del centro de gravedad del levantador y coloca los hombros en una posición relativa al cuerpo y a la barra poco conveniente. Comúnmente los levantadores que presentan este problema adquieren una posición de salida con una mayor elevación de cadera para, de esta manera, ubicar las rodillas más hacia atrás y así conseguir una trayectoria del primer tirón con un menor desplazamiento horizontal. La figura 22 muestra un ejemplo de un levantador cuyas rodillas se proyectan demasiado hacia adelante en la posición inicial y el efecto de elevar la cadera para contrarrestar esto.

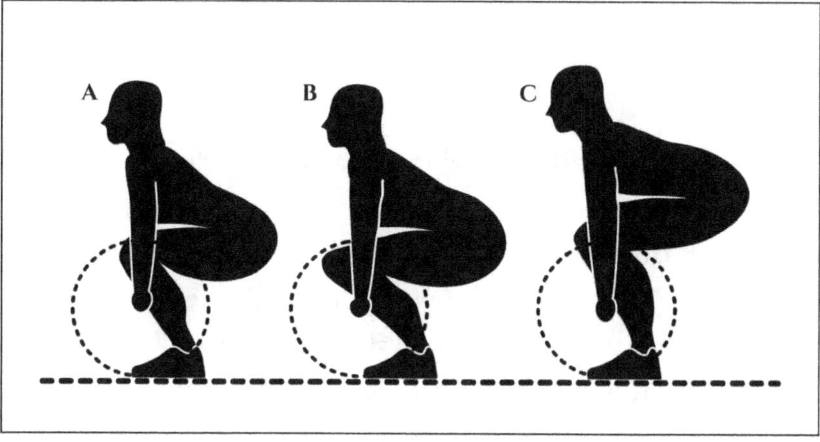

**Figura 22.** Ejemplo del impacto de un miembro inferior relativamente largo en la proyección de las rodillas durante la posición inicial. El primer levantador (A) presenta una longitud adecuada del miembro inferior, sus rodillas se proyectan hacia adelante sin suponer interferencia en la trayectoria de la barra. El segundo y tercer dibujo (B y C) representan a un mismo levantador quien en una posición inicial apropiada (B) se encuentra con que sus rodillas se proyectan demasiado hacia adelante, lo cual va a interferir en el primer tirón. En el tercer dibujo (C) el mismo levantador, que en B, eleva la cadera para modificar su posición inicial y así erradicar la interferencia de las rodillas en la trayectoria.

Naturalmente, como fue explicado en el capítulo 2, realizar el levantamiento con la cadera elevada resulta en una disminución de la velocidad durante la transición y también en un menor aprovechamiento de la potencia de los cuádriceps durante el segundo tirón, y, aunque estas son consecuencias no deseadas, en levantadores que poseen un fémur muy largo puede llegar a ser biomecánicamente más conveniente. Por lo tanto, este error técnico (comenzar con la cadera elevada), deja de serlo si la longitud de los segmentos corporales del levantador así lo ameritan, puesto que el levantador ya parte de una desventaja técnica impuesta por su individualidad, y recurrir a esta variable técnica, sin solucionar el problema, disminuye dicha desventaja.

Sin embargo, existe otra alternativa para aquellos levantadores que presenten un miembro inferior significativamente largo en relación al tronco. Durante la década de 1960 un destacado levantador japonés sorprendió por su sobresaliente rendimiento y su técnica atípica. Yoshinobu Miyake, triple medallista olímpico, realizaba el tirón de los ejercicios de competición con los pies excesivamente juntos (con los talones casi en contacto) y con una considerable rotación externa. Esto permitía que las rodillas no se proyectaran tan hacia adelante, sino más bien hacia los costados. La figura 23 ilustra la técnica de Yoshinobu Miyake.

A esta variable tan particular del tirón se la denominó *frog style pull* ("tirón estilo rana") y prevaleció anecdóticamente como una alternativa extraña a la forma de realizar el tirón tradicional, que aparentemente no ofrecía ninguna ventaja biomecánica. Con el tiempo, los entrenadores fueron observando que esta alternativa, al desplazar las rodillas hacia los lados, permitía que las mismas no afectaran la trayectoria del primer tirón, convirtiéndose esta variable en una alternativa válida para aquellos levantadores con miembros inferiores largos en relación al tronco.

**Figura 23**. Técnica utilizada por Yoshinobu Miyake. Arriba, la posición inicial tradicionalmente utilizada para el snatch. Abajo, la posición inicial utilizada por Miyake.

Cabe mencionar que Yoshinobu Miyake, el creador de esta variable técnica, no presentaba estos problemas, por lo cual es difícil afirmar que realizar el tirón de esta manera le confiriera algún tipo de ventaja biomecánica. De hecho, desde una perspectiva biomecánica, esta variación del tirón no coloca el miembro inferior en la posición óptima que permite generar la mayor potencia posible para impulsar la barra. A pesar de esto, esta podría ser la mejor alternativa cuando el levantador tiene una longitud de miembro inferior que compromete el primer tirón y resta eficacia al levantamiento.

La forma de sacar provecho de esta alternativa técnica varía de levantador en levantador. Algunos deportistas comienzan el tirón con los talones casi juntos y una rotación externa considerable mientras que otros presentan una separación mayor entre los talones. En general, es conveniente evitar juntar mucho los talones ya que esto compromete la capacidad del miembro inferior de realizar el impulso óptimo. La figura 24 muestra distintas variables del frog style pull.

**Figura 24.** Posibles variaciones en la posición inicial usando el *frog style pull.*

## Conclusiones

Tratar de adquirir una técnica similar a los atletas de referencia de este deporte podría no ser un abordaje adecuado, ya que esto no contempla la individualidad de los deportistas.

Una de las características propias de la individualidad del atleta que más amerita una modificación técnica es un miembro inferior largo en relación al tronco, ya que esto puede llegar a modificar negativamente la trayectoria del primer tirón.

Comenzar los levantamientos con la cadera elevada genera una pérdida de velocidad durante la transición y además disminuye la producción de potencia por parte de los cuádriceps durante el segundo tirón, comprometiendo la eficiencia del levantamiento.

## Aplicaciones Prácticas

Cuando el levantador tiene una longitud del miembro inferior demasiado larga en relación al tronco, se puede utilizar el *frog style pull* para una técnica más eficiente.

De utilizar el *frog style pull*, se debe buscar la separación y rotación de pies más cómoda y conveniente para el deportista, que permita el desplazamiento de las rodillas hacia los costados, pero evitando en lo posible juntar los talones excesivamente.

# Capítulo 6
# El Jerk: Velocidad y Profundidad del Dip

De los ejercicios competitivos el jerk es el más sencillo por no alcanzar la complejidad técnica del snatch o el clean. No obstante, no deja de ser un ejercicio desafiante con una gran demanda técnica al cual muchas veces no se presta la importancia que merece, descuidando su desarrollo y fijando errores técnicos difíciles de revertir. Debido a esto, es importante conocer algunas de las características biomecánicas del jerk y algunos aspectos asociados a sus posibles errores.

En halterofilia, se denomina jerk al movimiento que alza la barra desde las clavículas (posición de rack) hasta encima de la cabeza con los brazos completamente extendidos. Si bien son muchos los movimientos con los cuales se puede lograr esto (push jerk, squat jerk, power jerk, etc.), normalmente el término jerk se emplea para referirse al split jerk (jerk con tijera) que es el movimiento más utilizado por levantadores en competencias de todos los niveles.

El jerk se divide en cinco fases: el impulso o dip, el empuje o drive, la fase de desliz o drop under, la recepción y la recuperación. En la figura 25 se pueden observar las cinco fases del jerk. Aunque este movimiento parece involucrar predominantemente al miembro superior, la realidad es que el miembro inferior es quien contribuye con la mayor parte de la potencia necesaria para el ascenso de la barra.

La fase de impulso o dip es determinante para el éxito del levantamiento. Esta fase consiste en un pequeño descenso del cuerpo (por medio de una flexión de rodillas y caderas), similar al impulso previo que se toma para realizar un salto. El dip permite emplear el ciclo de estiramiento-acortamiento, lo cual resulta en una mayor producción de potencia del miembro inferior durante la fase siguiente. Aunque el dip parece una pequeña porción del jerk, su correcta ejecución es vital para un levantamiento eficiente y exitoso. La influencia del dip en las demás fases del levantamiento es inmensa, siendo muchos de los errores que se observan en el empuje o en la recuperación del jerk (las fases posteriores al dip) consecuencia de algún error técnico durante el dip.

**Figura 25.** Cinco fases del jerk: dip (1 a 3), empuje (4 a 5), desliz (6), recepción (7) y recuperación (8 a 9).

Un aspecto fundamental para optimizar el dip es la profundidad del descenso. Existe un descenso óptimo. Un dip muy profundo compromete la velocidad de ascenso durante el empuje, derivando en una producción de potencia inferior y, por tanto, una capacidad para desplazar una menor cantidad de kilos. En contraste, un dip poco profundo reduce el recorrido durante el cual se puede aplicar fuerza a la barra, dando lugar nuevamente a una producción inferior de potencia.

Las investigaciones soviéticas observaron que la profundidad óptima del dip es de entre un 8,3% y un 11,4% de la estatura del levantador[14]. Frolov y Levshunov[21] observaron, en su investigación, que los levantadores soviéticos llegaban al punto más bajo del dip con una flexión de rodillas de aproximadamente 118°. Por otro lado, estudios realizados en levantadores estadounidenses observaron una profundidad del dip del 12,3% de la estatura del levantador[22].

En general, se acepta una profundidad de dip de entre un 8% y un 13% de la estatura del levantador para levantadores principiantes, y se espera que este parámetro se ubique en el rango de un 8,5% al 11% conforme el levantador mejora su nivel. Aunque en la práctica es difícil determinar con exactitud la profundidad de este movimiento en relación a la estatura del levantador por medio de la mera observación visual, el ojo del entrenador experimentado puede, de una forma muy general, detectar cuando un dip es muy profundo o muy poco profundo, pudiendo así dar la indicación pertinente al deportista. En el caso de ser necesario determinar la profundidad exacta, se puede recurrir a mediciones por medio de video-análisis u otros recursos tecnológicos.

Otro aspecto importante del dip es su trayectoria. Al igual que en el snatch o en el clean, la trayectoria del jerk no es puramente vertical, sino que también existe un desplazamiento horizontal de la barra. Este desplazamiento horizontal se observa tanto en el dip como en el empuje. En el caso del dip el desplazamiento horizontal se produce en dirección anterior; es decir, hacia adelante, mientras que el desplazamiento horizontal durante el empuje es posterior, hacia atrás del cuerpo del levantador. La figura 26 muestra la trayectoria de la barra durante el jerk.

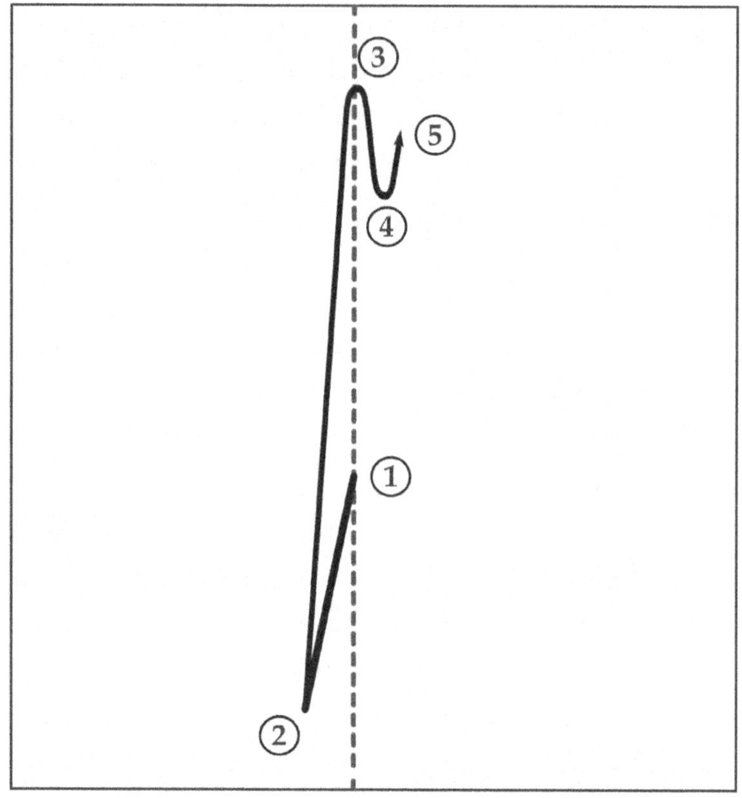


**Figura 26**. Trayectoria de la barra durante el jerk. Posición inicial (punto 1), dip (punto 1 a 2), empuje y fase de desliz (punto 2 a 3), recepción (punto 3 a 4), recuperación (punto 4 en adelante).

No obstante, un desplazamiento horizontal exagerado durante el dip compromete el levantamiento. Un desplazamiento de hasta 2 cm se lo considera aceptable mientras que desplazamientos horizontales mayores a 2 cm se los considera un error técnico ya que comprometen la eficiencia y las probabilidades de éxito del jerk.

En su investigación, Gabe y Widule[22] observaron que, en condiciones de competencia, aquellos jerks cuyos dips presentaban un desplazamiento horizontal mayor a 2 cm tenían una tasa de éxito de un 53,8%, mientras que cuando el desplazamiento horizontal del dip era menor a 2 cm la tasa de éxito del jerk era de un 73,3%.

El principal problema asociado a un incremento del desplazamiento horizontal en el dip es la inclinación del tronco durante el descenso. Esto es común en levantadores principiantes. La figura 27 muestra un dip correcto en contraste con una inclinación incorrecta del tronco durante el movimiento.

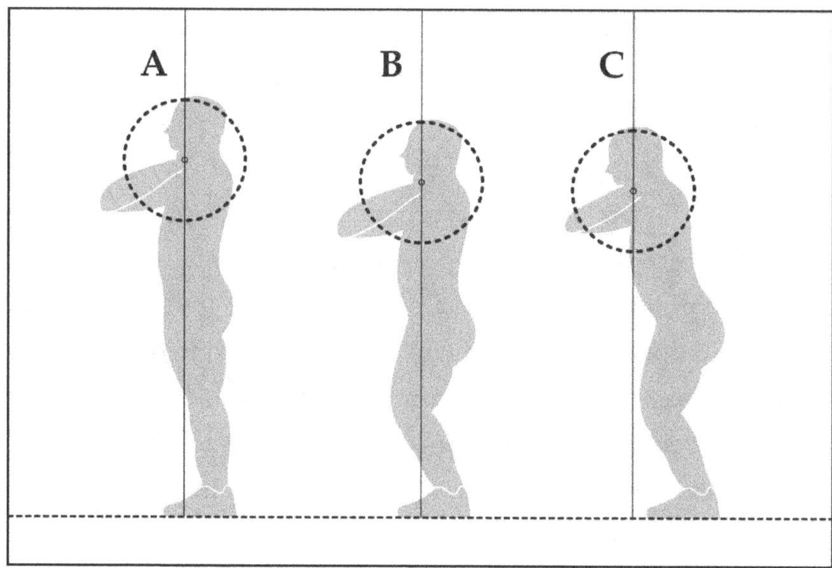


**Figura 27.** Inclinación de tronco durante el dip. Posición inicial del Jerk (A), un dip correcto (B) y un dip incorrecto con una inclinación del tronco acentuada (C).

Cuando la inclinación del tronco es muy evidente, el desplazamiento horizontal de la barra supera ampliamente los 2 cm y, las probabilidades de éxito son muy bajas. Por otro lado, cuando el desplazamiento horizontal supera sutilmente los 2 cm, esto es mas difícil de detectar de forma visual. En cualquiera de los casos se debe insistir al levantador para que realice el dip con el tronco lo más recto posible, manteniendo la barra firme en la posición de rack.

Además de la profundidad y la trayectoria del dip, la velocidad de este movimiento también es un factor fuertemente asociado a la eficiencia y al éxito del jerk. Similar a otros aspectos de la técnica, existe una velocidad óptima para realizar el dip, perdiendo eficiencia cuando la velocidad es mayor o menor que dicha velocidad óptima. Un jerk eficiente implica un cambio rápido entre el dip y la fase de empuje; sin embargo, un dip muy rápido compromete la capacidad del levantador de cambiar rápidamente de una fase a la otra, ya que el incremento de velocidad aumenta la fuerza de descenso de la barra, fuerza que tendrá que ser absorbida por el cuerpo del levantador antes de poder realizar el comienzo de la fase de empuje. De esta manera, los músculos que participan en el movimiento invierten gran parte de su potencia en contrarrestar estas fuerzas de descenso incrementadas. Esto enlentece la transición entre el dip y la fase de empuje, reduciendo la potencia de ascenso final de la barra.

Por otro lado, si el descenso es muy lento, tres factores asociados a las fuerzas de ascenso de la barra se ven comprometidos. Por un lado, hay un menor aprovechamiento del ciclo de estiramiento-acortamiento, un fenómeno fisiológico que permite a los músculos ejercer mayores niveles de potencia cuando la contracción (acortamiento) es precedida por un estiramiento. De esta manera el movimiento se ve beneficiado por el uso de la energía elástica del músculo, así como por ciertas capacidades reflejas.

Otro factor es el aprovechamiento de las propiedades mecánicas de la propia barra. La barra de acero se deforma como consecuencia del peso, los discos que son cargados a sus extremos. Esto produce una oscilación cuando el levantador realiza el descenso y frenado propio del dip. Si el movimiento se coordina eficientemente la oscilación de la barra contribuye a la fase de empuje. La deformación y oscilación que produce la barra durante el jerk es tan significativa que antiguamente, previo al dip, los levantadores realizaban un pequeño movimiento de impulso por medio de un dip y empuje menos profundo para de esta manera conseguir una oscilación extra de la barra y así sacar más provecho de este fenómeno. Esta estrategia, se la conoce como "doble dip" y está actualmente prohibida por el reglamento de competencia internacional.

Las propiedades mecánicas de la barra son muchas veces subestimadas. Muchos afirman que las deformaciones significativas se dan cuando los pesos son grandes. Sin embargo, cuando la deformación es medida en condiciones controladas, se observa que las barras de levantamiento de las principales marcas ya sufren una deformación mayor al centímetro cuando se les adiciona un disco de 25 kg de cada lado[23]. Al observar la deformación de la barra de la marca y modelo más utilizada en competencias internacionales, la deformación con 70 kg es de 1,5 cm; con 120 kg de 2,5 cm; con 170 kg de 3,7 cm; y la barra cargada con 220 kg (cuatro discos de 25 kg de cada lado) exhibe una deformación de 4,4 cm[23]. Aunque la deformación también depende del grosor de los discos utilizados, ya que si bien el peso final es el mismo, a mayor grosor de discos el peso se traslada a los extremos de la barra produciendo mayor deformación. Una mayor deformación deriva en una mayor oscilación y permite aprovechar mejor este fenómeno durante el jerk.

Finalmente, el tercer factor que beneficia el ascenso de la barra durante el jerk asociado a un dip con mayor velocidad, es la compresión de los propios tejidos del cuerpo del levantador. En la parte más baja del dip, el cuerpo del levantador absorbe las fuerzas que ejerce la barra, produciéndose una compresión que actúa posteriormente como una fuerza en la dirección de ascenso. Este aspecto se le estima de menor impacto que los dos anteriores, pero no puede dejar de ser tenido en cuenta.

La velocidad máxima del dip (el pico de velocidad) debe ubicarse entre 0,8 y 1,2 m.s$^{-1}$, de esta manera se evita la pérdida de eficiencia asociada a un dip muy lento o muy rápido[14]. Los levantadores con poca experiencia de entrenamiento suelen realizar el dip muy rápido y es necesario indicarles que lo realicen más lento. Se ha observado que un dip muy rápido está asociado con un dip más profundo y es más común en levantadores de menor nivel, así como en aquellos intentos de jerk fallidos durante competencia[24].

## Conclusiones

Aunque el dip representa una pequeña parte del jerk, esta fase termina siendo determinante en el éxito y la eficiencia del movimiento.

La profundidad del dip es un factor asociado a la eficiencia del jerk. Un dip muy profundo así como un dip poco profundo comprometen la producción de potencia por parte del miembro inferior, comprometiendo el levantamiento.

La profundidad del dip se calcula en relación a la estatura del levantador y puede ser evaluada por medio de vídeo-análisis u otros medios tecnológicos.

Al igual que en el clean y en el snatch la trayectoria de la barra tiene un desplazamiento horizontal durante el jerk. En el caso del dip el desplazamiento es en dirección anterior mientras que en el empuje el desplazamiento es en dirección posterior.

Un desplazamiento horizontal exagerado durante el dip está asociado a menor eficiencia y mayores fallos. En levantadores principiantes este desplazamiento se debe a una inclinación del tronco durante el dip. En levantadores más experimentados, si esto ocurre, es menos evidente a nivel visual.

La velocidad del dip también está asociada al éxito y eficiencia del jerk. Un dip muy veloz compromete la velocidad del empuje y está asociado a una mayor profundidad del dip y a una mayor probabilidad de fallo del levantamiento.

En contraste, un dip muy lento también compromete el levantamiento por no aprovechar al máximo el ciclo de estiramiento-acortamiento, las propiedades mecánicas de la barra y, en menor medida, la compresión de los propios tejidos del levantador que asisten al ascenso de la barra.

**Aplicaciones Prácticas**

Se debe procurar que el dip se realice en la profundidad óptima. En general, se acepta que los levantadores principiantes realicen un dip con una profundidad equivalente a entre un 8% y un 13% de su estatura, y que, conforme ganen experiencia de entrenamiento, lleguen a un dip de entre un 8,5% y un 11% de su estatura.

Un desplazamiento horizontal mayor a 2 cm durante el dip está fuertemente asociado a menor eficiencia y mayores fallos durante el jerk; por eso, se debe procurar que el levantador realice el descenso con el tronco lo más perpendicular al suelo.

La velocidad máxima del dip (el pico de velocidad) debe ser de entre 0,8 y 1,2 m.s$^{-1}$.

# Capítulo 7
# El Jerk: La Subfase de Frenado del Dip

Como se pudo observar en el capítulo anterior, la clave para un jerk exitoso es un dip eficiente con una profundidad, trayectoria y velocidad apropiadas. No obstante, existe otro factor de relevancia en la mecánica del dip. Un factor más complejo y oculto, fuertemente asociado al éxito y la eficiencia del levantamiento. Para analizar este factor necesitaremos subdividir al dip en dos nuevas subfases, la subfase de aceleración y la subfase de frenado, siendo esta última la de mayor relevancia en el levantamiento.

Para facilitar su estudio biomecánico, el jerk, al igual que el snatch y el clean, es dividido en fases. En el capítulo anterior el jerk fue dividido en cinco fases, y aunque en la literatura especializada existen distintos criterios de división con pequeñas diferencias entre ellos, estas divisiones mantienen siempre la misma esencia, no generando grandes complicaciones al intentar comparar distintos estudios. En cualquier caso, el jerk siempre comienza con una posición inicial en donde el levantador está de pie, con rodillas y caderas extendidas y la barra en la posición de rack. Esta posición inicial es seguida por el dip. El dip, a su vez, finaliza al alcanzar su posición más profunda, la barra comienza entonces su ascenso en la denominada fase de empuje. Esto se puede observar en la figura 25 del capítulo anterior.

Estas clasificaciones son claras y acertadas al incluir al dip como una fase del jerk, ya que es un movimiento concreto y fácilmente identificable. No obstante, las diversas investigaciones sobre el jerk realizadas por los soviéticos han dejado en evidencia la necesidad de subdividir al dip, ya que dentro de él se encuentra una subfase de muchísima relevancia para el éxito y la eficiencia del jerk.

Para entender esta nueva subdivisión debemos analizar la forma en que se modifica la velocidad durante el dip. Se trata de un movimiento de descenso de la barra que comienza con el levantador estando quieto, de pie y con la barra en la posición de rack. En este punto inicial la barra no presenta ningún movimiento de descenso, la velocidad y aceleración de la barra es cero. Cuando comienza el descenso la velocidad de la barra deja de ser cero y se comienza a incrementar produciéndose aceleración; sin embargo, el dip finaliza en la posición más profunda con velocidad cero (previo al cambio de dirección de descenso a ascenso de la barra al pasar del dip al empuje). Por lo tanto, la velocidad en algún momento debe disminuir para así llegar al instante de no movimiento de la barra (velocidad cero) en la posición más profunda del dip. El descenso de la barra no se realiza con velocidad constante, la velocidad de la barra se incrementa hasta alcanzar la velocidad máxima; luego de esto, la velocidad de la barra comienza a disminuir hasta llegar a cero en la posición de mayor profundidad del dip.

De esta forma, el dip se subdivide en dos subfases. Desde el momento en que comienza el movimiento hasta el momento en que se alcanza el pico de velocidad se lo considera la subfase de aceleración. Desde el pico de velocidad hasta el final del dip se lo considera la subfase de frenado. El punto de división de estas subfases es el instante de velocidad máxima de descenso del dip. En la figura 28 se muestra una gráfica de velocidades del dip.

Por lo tanto, la subfase de frenado es la parte del dip en donde el descenso desacelera. Tanto las investigaciones soviéticas[14,21,25] como las occidentales[22,24], respaldan que la parte más importante del jerk es la subfase de frenado. Esta subfase es clave para conseguir una rápida transición del dip a la fase de empuje. A la duración de la subfase de frenado se la considera el tiempo de frenado. Un tiempo de frenado menor está asociado a una mejor técnica de jerk.

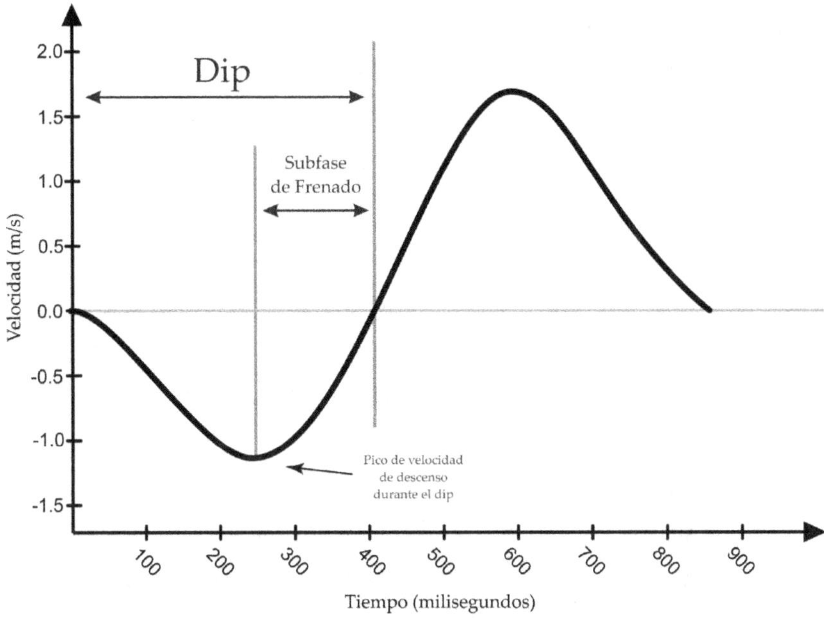


**Figura 28.** Velocidad de la barra en función del tiempo durante el jerk.

Se ha observado que el tiempo de frenado en levantadores de nivel mundial es de entre 0,10 y 0,13 segundos[14,21,25]; levantadores de menor nivel tienen un tiempo de frenado mayor[22,24]; a su vez, un tiempo de frenado mayor también está asociado a un dip más profundo de lo conveniente[22].

Cuando se busca el perfeccionamiento técnico se debe tener en cuenta la subfase de frenado del dip, considerando que una reducción de su duración (el tiempo de frenado) está asociada a un mayor rendimiento durante el levantamiento. Para reducir el tiempo de frenado del dip se deben tener en cuenta algunas consideraciones en la distribución del volumen de entrenamiento del jerk, así como incluir en el plan de entrenamiento ciertos ejercicios. Se deben considerar aquellas variables del jerk que

93

mantengan un tiempo de frenado menor, así como otros ejercicios que permitan desarrollar la capacidad de los músculos del miembro inferior de absorber las fuerzas de descenso y realizar un cambio rápido de una fase excéntrica a una fase concéntrica.

Muchos entrenadores, a la hora de planificar, no consideran que exista una diferencia entre un jerk realizado desde el rack y el jerk propio del clean & jerk. Es decir, aunque en esencia es el mismo movimiento, existen diferencias biomecánicas entre un jerk que se realiza tras haber realizado un clean y un jerk que se realiza puramente desde la posición de rack, sacando la barra desde los soportes y sin un clean previo. Esta diferencia se debe al grado de fatiga que implica la realización del clean que precede al jerk y radica principalmente en el tiempo de frenado. En levantadores de élite el tiempo de frenado del jerk propio de un clean & jerk es de 0,137 segundos, mientras que el tiempo de frenado del jerk desde el rack es de 0,121 segundos[25]. Esta diferencia puede parecer pequeña pero, sin embargo, representa un 12% menos de tiempo de frenado a favor del jerk desde el rack.

Esto deja en evidencia la necesidad de utilizar ambos abordajes durante el entrenamiento; por un lado, se debe utilizar el clean & jerk para que el levantador mantenga estímulos específicos a la forma de competencia y, por otro lado, también se deben realizar jerk desde el rack, ya que el ejercicio de forma aislada contribuye a la mejora del tiempo de frenado. Aquellos deportistas que realizan solamente jerks desde el clean en sus entrenamientos, suelen experimentar una tasa de fallos en el jerk mayor en comparación con los levantadores que incluyen ambos abordajes en sus programas de entrenamiento.

Aunque existen, desde la perspectiva de la planificación de entrenamiento, varias formas para incluir ambos tipos de jerk en el programa, la inclusión de jerk desde el rack y clean & jerk en una misma semana de entrenamiento es algo bastante conveniente. Las dos o tres últimas semanas de un ciclo de entrenamiento (semanas antes de la competencia), deben incluir clean & jerk solamente, ningún jerk desde el rack, y de la totalidad del ciclo al menos el 50% de las semanas deberían incluir jerk realizado en ambas condiciones. Cumplir con este parámetro de distribución se puede volver complicado con aquellos deportistas en etapa inicial que realizan un bajo número de repeticiones semanales, pero cuando el volumen semanal supera las 300 repeticiones, con el levantador entrenando al menos cuatro días a la semana, estas condiciones son fáciles de cumplir.

Por otro lado, también se debe tener en cuenta la distribución del volumen asignado al jerk para cada una de las condiciones. Cada semana tendrá un número de repeticiones asignadas al jerk. Idealmente cuando se realiza jerk desde el rack y clean & jerk en la misma semana, el 50% de esas repeticiones deberá ir destinada al jerk desde el rack y el otro 50% al jerk propio del clean & jerk. Este parámetro, sin embargo, mantiene cierta flexibilidad, pudiendo alguna de las dos condiciones llegar al 60% de las repeticiones asignadas al jerk.

En base a los dos tiempos de frenado que mantienen las dos condiciones, estas estrategias de distribución son muy convenientes para no descuidar este aspecto tan relacionado con el rendimiento y el éxito del jerk. Sin embargo, aún se pueden realizar más acciones en pro del beneficio de esta subfase del dip. Como se mencionó antes, el jerk desde el rack tiene un tiempo de frenado menor al jerk realizado en un clean & jerk; sin embargo, existe otra variable del jerk que, manteniendo muchas similitudes con el ejercicio original, presenta un tiempo de frenado mucho menor. Esta variable es el jerk tras nuca. Mientras el jerk propio del clean & jerk mostró tener un tiempo de frenado de 0,137 segundos en atletas de élite, y el jerk desde el rack un tiempo de frenado de 0,121 segundos, el jerk tras nuca mantiene un tiempo de frenado de 0,097 segundos[25]. Esto significa un tiempo de frenado 29,2% menor al jerk propio del clean & jerk, y 19,8% menor al jerk desde el rack.

El jerk tras nuca es un ejercicio que se realiza de igual manera que el jerk, pero la barra no comienza sobre las clavículas y la porción anterior de los hombros, sino que, en su lugar, la barra comienza sostenida en la espalda como en una sentadilla trasera, pero con la separación entre mano y mano igual a la usada durante el jerk. La figura 29 muestra la ejecución de un jerk tras nuca.

Debido al menor tiempo de frenado que presenta la ejecución de un jerk tras nuca, su inclusión en el programa de entrenamiento es conveniente para mejorar este aspecto, pero algunas consideraciones deben ser tenidas en cuenta. Esta variable del jerk, aunque mantiene muchas similitudes biomecánicas con el ejercicio original, también presenta un desplazamiento horizontal mucho mayor durante el dip ya que realizar un dip con la barra en esta posición genera una mayor inclinación de tronco.

**Figura 29.** Jerk tras nuca.

Como se vio en el capítulo anterior, un desplazamiento horizontal mayor a 2 cm durante el dip compromete seriamente el jerk y debido a esto es un aspecto a ser cuidado. El jerk tras nuca, por un lado, mejora el tiempo de frenado, pero, por otro lado, su uso indiscriminado puede comprometer la trayectoria del dip, perjudicando la técnica del jerk; y debido a esto, en el caso de incluir esta variable del jerk en el programa de entrenamiento, la cantidad de repeticiones que se le asigne debe ser cuidadosamente controlada.

También se debe tener en cuenta que no es prudente incluir esta variable en levantadores que, de por si, ya tengan un desplazamiento horizontal exagerado durante el dip. En este último caso, se debería trabajar primero en mejorar la trayectoria antes de incluir este ejercicio en el programa de entrenamiento.

Cuando el jerk tras nuca es incluido se debería realizar durante el periodo preparatorio del ciclo de entrenamiento, y retirar esta variable del jerk durante el periodo competitivo. El periodo competitivo son las últimas 4 a 6 semanas del ciclo de entrenamiento (semanas antes de la competencia). La distribución del volumen asignado al jerk en este caso, sería de 40% para el jerk propio del clean & jerk, 30-40% para el jerk desde el rack y 20-30% para el jerk tras nuca.

Con los abordajes mencionados se puede procurar que el levantador mejore el tiempo de frenado y con ello la calidad técnica y la fuerza máxima del jerk. Por otro lado, también se puede utilizar un ejercicio menos específico para seguir mejorando este aspecto, en este caso se trata de un tipo de salto llamado depth jump.

El depth jump es un tipo de salto que se realiza inmediatamente después de una caída desde una altura determinada. Para ejecutar este tipo de salto, el deportista se encuentra de pie sobre un cajón o cualquier otro instrumento sólido y estable que cumpla la misma función. Posteriormente, el deportista da un paso al vacío dejándose caer. Al llegar al suelo, el deportista absorbe el impacto de la caída e inmediatamente salta verticalmente buscando alcanzar la mayor altura posible (figura 30).

**Figura 30.** Depth Jump.

Cuando se busca mejorar la subfase de frenado del dip, basados en sus investigaciones, la recomendación de los soviéticos era de realizar depth jumps desde alturas de 40 cm y 70 cm, ya que la contracción muscular se producía algo más rápido que la observada durante el dip[25]. Sin embargo, esta recomendación surge en base a investigaciones realizadas en levantadores de élite. Para muchos atletas de menor nivel realizar depth jumps desde alturas de 70 cm puede resultar muy intenso e incluso peligroso. Dentro del entrenamiento de saltos, los depth jump ocupan el lugar de los ejercicios con mayor intensidad[26], aunque muchas veces esto no se percibe así.

La evaluación y selección de la carga de los depth jumps no es tan sencilla como en la mayoría de los ejercicios que se realizan con barra, en donde la intensidad se cuantifica en función del peso agregado. En el depth jump la intensidad depende del peso corporal del deportista y de la altura de la caída, pero como el peso corporal del levantador no se modifica significativamente en un periodo corto de tiempo, la altura de caída es el factor principalmente asociado a la intensidad del depth jump. Para simplificar, la determinación de la intensidad a la hora de prescribir entrenamiento, lo más conveniente es utilizar alturas de 20 cm y 40 cm en levantadores principiantes, de 30 cm y 50 cm en levantadores de nivel intermedio y de 40 cm y 60 cm en levantadores de nivel avanzado. Los depth jumps no cuentan dentro del volumen final de entrenamiento y se deben realizar entre 30 y 80 saltos semanales, solo en las semanas correspondientes al periodo preparatorio.

Por medio de la utilización de estas estrategias se puede reducir el tiempo de frenado durante el dip y de esta manera mejorar la eficiencia del jerk. No obstante, la velocidad de frenado no es el único factor relevante dentro de la subfase de frenado del dip. El punto de comienzo de la subfase de frenado también está asociado al éxito y la eficiencia del jerk.

Este último factor, "el punto de comienzo de la subfase de frenado", se define como el punto del recorrido del dip en donde el levantador comienza la subfase de frenado. Como se mencionó al principio de este capítulo, la subfase de frenado comienza una vez alcanzada la velocidad máxima del dip, y, por lo tanto, el punto de comienzo de frenado también puede ser visto como el instante en el recorrido del dip en donde se alcanza la velocidad máxima de descenso.

Este punto se expresa de forma porcentual; es decir, si un levantador tiene una profundidad de dip de 20 cm y la subfase de frenado comienza a los 10 cm, el punto de comienzo del frenado está en el 50% del dip. Normalmente, la subfase de frenado comienza una vez superada la mitad del recorrido, por lo cual un punto de comienzo del frenado del 50% suele ser bajo y está asociado a un jerk de pobre eficiencia técnica.

Las mediciones realizadas en atletas soviéticos de élite, muestran en promedio un punto de comienzo de la subfase de frenado de un 62% del recorrido del dip[14]. Por otro lado, mediciones realizadas en levantadores estadounidenses de menor nivel, observaron que los jerks exitosos tenían en promedio un punto de comienzo del frenado de un 51,2% y los jerks fallidos un punto del 48,7% del recorrido del dip. Pero dentro de la misma muestra de levantadores, cuando los levantadores de mayor nivel eran analizados por separado, el promedio del punto de comienzo del frenado fue del 54,1% del recorrido del dip para aquellos jerks exitosos y de tan solo el 51,3% para los jerks fallidos[22]. La figura 31 ilustra distintos puntos de comienzo del frenado.

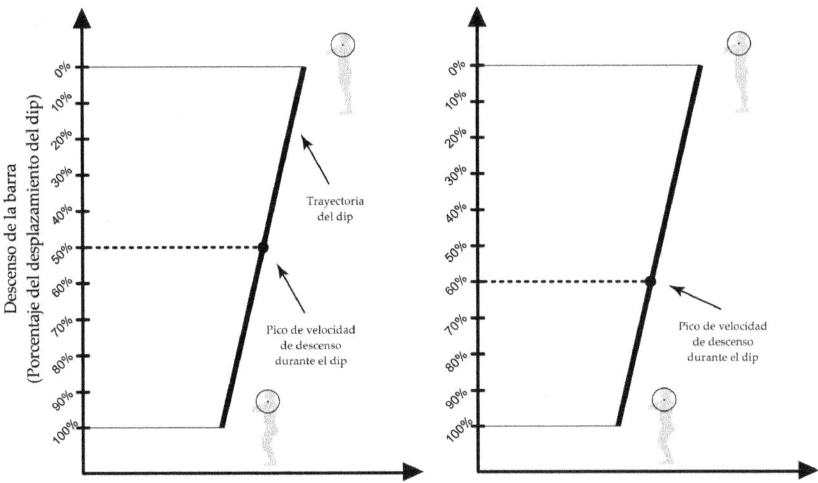


**Figura 31**. Punto de comienzo del frenado. En la figura de la izquierda el deportista logra el comienzo del frenado (el pico de velocidad de descenso) al 50% del recorrido del dip. En la figura de la derecha lo consigue al 60% del recorrido, indicando un mayor nivel técnico.

Por lo tanto, valores bajos (de aproximadamente 50% ó menos) en el punto de comienzo de frenado, están asociados a una tasa de fallos mayor durante el jerk. Valores próximos al 60% ó más están fuertemente asociados a la excelencia técnica.

Se puede concluir entonces que el punto de comienzo del frenado es otro factor a perfeccionar. Sin embargo, el punto óptimo, dentro de las capacidades actuales del levantador, suele alcanzarse una vez el dip es realizado con una profundidad y velocidad óptima y con una rápida fase de frenado. Esto se puede prestar a confusión ya que algunos levantadores de muy bajo nivel técnico poseen un punto de comienzo de frenado próximo al 60% con técnicas muy pobres. Esto se debe a un dip muy profundo o muy poco profundo, muy lento o muy rápido, o por mostrar un tiempo de frenado alto. Pero, cuando se corrigen estos aspectos asociados a velocidad y profundidad de dip (en dichos atletas), el punto de comienzo del frenado baja a valores próximos al 50%. Conforme el deportista es capaz de reducir el tiempo de frenado, el punto de comienzo de frenado se incrementará indicando, esta vez de forma legítima, una mejora técnica.

Como conclusión, el punto de comienzo del frenado es un indicador legítimo de técnica, siempre y cuando los otros aspectos técnicos asociados al dip se mantengan dentro de los parámetros correctos. De esta forma, el punto de comienzo de frenado va a mejorar como consecuencia de un dip que, siendo apropiado desde la perspectiva de velocidad y profundidad, reduce su tiempo de frenado.

## Conclusiones

El instante de mayor velocidad del dip divide a este movimiento en dos subfases, la subfase de aceleración y la subfase de frenado, siendo esta última de vital importancia en la eficiencia y el éxito del jerk.

La duración de esta subfase se la define como tiempo de frenado. Un tiempo de frenado menor está asociado a una mejor técnica.

Existen diferencias entre los tiempos de frenado del jerk realizado desde el rack y el jerk propio de un clean & jerk, teniendo el primero un tiempo de frenado menor.

La variable del jerk que muestra un menor tiempo de frenado es el jerk tras nuca.

Un ejercicio menos específico para mejorar el tiempo de frenado es el depth jump. Se trata de un salto que es ejecutado inmediatamente después de realizar una caída desde una altura determinada.

Otro factor relevante dentro del dip es el punto de comienzo de la subfase de frenado. Atletas de élite comienzan la subfase de frenado en aproximadamente un 62% del recorrido del dip, estando un comienzo en un punto menor del recorrido asociado a un menor perfeccionamiento técnico.

**Aplicaciones Prácticas**

Para mejorar el tiempo de frenado del dip es conveniente incluir en el plan de entrenamiento, además del jerk que se realiza dentro del clean & jerk, el jerk desde el rack.

Es preferible utilizar ambos ejercicios en la misma semana, al menos durante el 50% del ciclo de entrenamiento, exceptuando las últimas dos o tres semanas del ciclo donde solo se debe incluir el clean & jerk. Del número de repeticiones semanales asignadas al jerk, el 40-60% debe destinarse a cada condición.

Con la finalidad de mejorar el tiempo de frenado también se puede incluir en el plan de entrenamiento el jerk tras nuca, pero solo en el caso de que el levantador no presente un desplazamiento horizontal mayor a 2 cm durante el dip de un jerk común.

En el caso de utilizar el jerk tras nuca, este debe ser incluido solo durante el periodo preparatorio y la distribución de las repeticiones semanales designadas al jerk deberán asignarse dando un 40% para el jerk propio del clean & jerk, un 30-40% para el jerk desde el rack y un 20-30% para el jerk tras nuca.

Se pueden incluir depth jumps en el programa de entrenamiento para mejorar la velocidad de frenado. En este caso realizándolos desde una altura de 20 cm y 40 cm para levantadores principiantes, 30 cm y 50 cm para levantadores de nivel intermedio y 40 cm y 60 cm para levantadores de nivel avanzado. Se deben realizar entre 30 y 80 saltos semanales (que no cuentan dentro del volumen semanal) solo durante el periodo preparatorio.

# Capítulo 8
# El Jerk: La Fase de Recuperación

Al ejecutar un jerk, una vez la barra es alzada por encima de la cabeza del levantador con los brazos completamente extendidos, comienza la recuperación. La recuperación es el movimiento final del jerk en donde las piernas del levantador, ubicadas delante y detrás de su cuerpo debido a la posición de split, son desplazadas hasta quedar completamente extendidas y con los pies en una posición simétrica. La recuperación óptima se debe desarrollar de una forma específica, de lo contrario se la considera imperfecta. Muchos deportistas fallan sistemáticamente en corregir una recuperación imperfecta, resignándose y considerándola parte de su técnica. Esto se debe a que muchos atletas y entrenadores ignoran que la mayoría del tiempo una recuperación imperfecta es consecuencia de errores técnicos en fases previas y, por lo tanto, cuando esto pasa, intentar corregir la recuperación se vuelve imposible ya que el problema es algún error técnico previo.

La recuperación es la fase final de cualquiera de los tres movimientos competitivos. En el caso del snatch y del clean, la recuperación consiste en un movimiento de squat comenzando desde la posición más profunda. En un clean esta recuperación se realiza con la barra en la posición de rack, realizando un ascenso desde el punto más profundo hasta que el levantador logra extender completamente rodillas y caderas. La recuperación del snatch se realiza de igual manera pero la barra no está en la posición del rack sino en la posición *overhead* (por encima de la cabeza con los brazos completamente extendidos), esto hace que la recuperación del snatch sea mucho mas difícil, incluso con pesos significativamente inferiores a los manejados durante el clean.

La recuperación del split jerk es considerablemente más sencilla. En este ejercicio no se alcanzan tales profundidades de descenso por lo que la fase es más rápida. Una correcta recuperación del jerk moviliza siempre la pierna de adelante primero, y luego la pierna trasera. Esto significa que la recuperación perfecta del jerk implica primero un movimiento de la pierna que el levantador desplaza hacia adelante; esta pierna recupera realizando un movimiento hacia atrás. Posterior a este movimiento la pierna trasera se mueve hacia adelante para completar la recuperación (figura 32).

El principal error asociado a la recuperación del jerk es realizar la recuperación puramente con la pierna trasera, es decir, solamente desplazar la pierna trasera hacia adelante durante la recuperación del jerk (figura 33).

**Figura 32**. Recuperación del jerk.

**Figura 33**. Recuperación incorrecta del jerk.

La magnitud de esta imperfección técnica sobre el éxito del levantamiento podría no ser tan alta como otros errores técnicos. De hecho, en 2015, Ilya Ilyin de Kazajistán estableció lo que en su momento fue récord del mundo de clean & jerk tras levantar exitosamente 246 kg, pero el jerk tuvo una recuperación imperfecta. Aunque parezca contradictorio, de haber intentado hacer una recuperación "perfecta", desplazando la pierna delantera primero, hubiese fallado el levantamiento. Esto se debe a que la barra ya había finalizado en una posición que requería un movimiento de la pierna trasera. Como en la mayoría de los casos donde se observa este tipo de recuperación, la posición final de la barra exigía la recuperación "imperfecta".

Para comprender mejor todo esto es conveniente analizar algunos aspectos de la biomecánica del jerk. En los dos capítulos anteriores se analizaron a fondo muchos de los aspectos relacionados al dip que es la primer fase del jerk y la parte de mayor relevancia. La finalidad del dip es permitir que el miembro inferior pueda realizar la fase posterior (la fase de empuje) con la mayor potencia posible para de esta manera permitir un ascenso eficiente de la barra. De ese ascenso depende el éxito del levantamiento ya que la barra debe elevarse hasta la altura crítica.

Cuando la barra finaliza el descenso propio del dip comienza el ascenso, la fase de empuje. La potencia del miembro inferior ejercida durante el jerk es tan grande que los pies del levantador se despegan completamente del suelo; el instante en que los pies se despegan del suelo determina el comienzo de la siguiente fase, el drop under. Esta fase consiste en desplazar los pies hacia la posición de split. Esto produce un descenso relativo del cuerpo del levantador en relación a la barra, la cual a su vez continúa su ascenso. El levantador completa la posición de split instantes antes de que la barra alcance la altura máxima. Una vez la barra alcanza la altura máxima finaliza el drop under y comienza la recepción (catch). En esta fase la barra produce un descenso que el deportista debe de controlar; para esto el cuerpo del levantador desciende algunos centímetros en la posición de split, de esta manera se absorben la fuerzas propias de la recepción de la barra. Cuando las fuerzas de descenso son controladas por el deportista, anulando el movimiento de descenso, finaliza la recepción y comienza la recuperación.

Si la trayectoria del jerk se ejecuta de la forma que se puede observar en la figura 26 (capítulo 6), entonces no hay ninguna razón para no realizar una recuperación perfecta (recuperar primero la pierna de adelante y luego la trasera). En la trayectoria que se observa en la figura 26, la barra comienza la recepción en la línea de referencia y la finaliza detrás de ella, esto permite que la recuperación se realice de la forma apropiada. Esto también es posible si el levantador realiza algunas de las trayectorias que se muestran en la figura 34.

Las tres trayectorias que se muestran el la figura 34 tienen una recepción que comienza y finaliza detrás de la línea de referencia, y, por lo tanto, lo más conveniente será recuperar adecuadamente, movilizando la pierna de adelante primero. Normalmente, no se considera un error técnico si la recepción comienza sutilmente por detrás de la línea de referencia, aunque se puede considerar un error cuando el desplazamiento horizontal es considerable, dándose que la recepción se inicia muy por detrás de la línea de referencia. El problema de la recuperación imperfecta está cuando la recepción de la barra se da por delante de la línea de referencia, como muestra la figura 35.

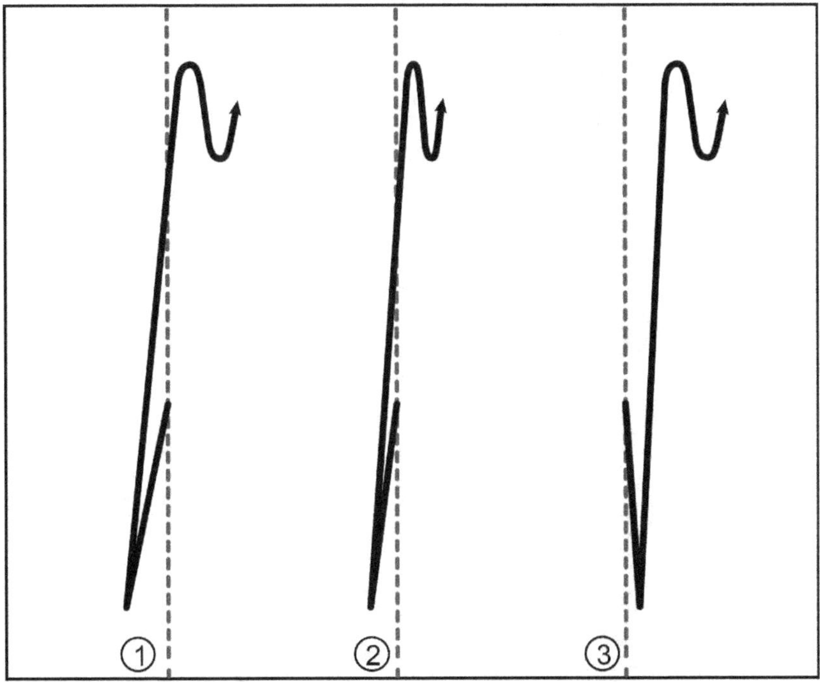

**Figura 34.** Trayectorias del jerk en donde la barra finaliza por detrás de la línea de referencia.

En la figura 35 se pueden apreciar trayectorias del jerk en donde la recepción comienza y también termina delante de la línea de referencia; esto hace que el centro de masa del sistema atleta-barra esté adelantado, generando la necesidad de un desplazamiento hacia adelante del cuerpo del atleta para evitar la pérdida de equilibrio que en estas condiciones significaría fallar el levantamiento (dejar caer la barra). Por lo tanto, si alguna de las trayectorias de la figura 35 se intentaran recuperar movilizando primero la pierna delantera (recuperación perfecta), el jerk no sería exitoso.

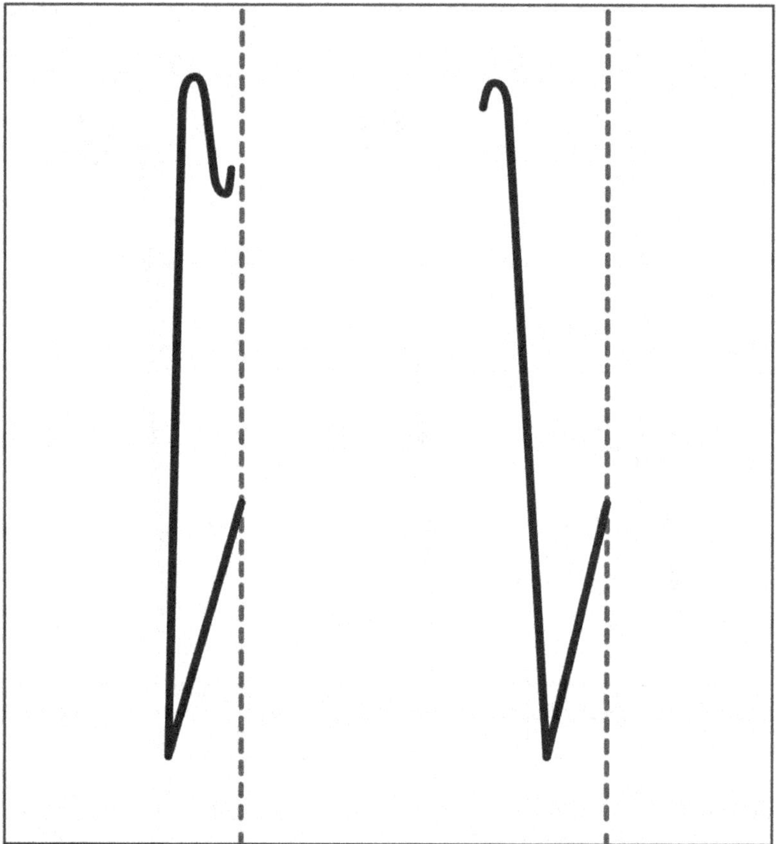

**Figura 35**. Trayectorias del jerk en donde la recepción comienza y finaliza delante de la línea de referencia.

Entendiendo estos conceptos se puede concluir que el levantador no siempre puede realizar la recuperación de la forma perfecta, ya que la forma en que se realiza la recuperación depende de la trayectoria de la barra, la cual a su vez depende de la ejecución de las fases anteriores. Cuando la recuperación se da por medio de movimientos irregulares se habla de una recuperación imperfecta. No obstante, esos movimientos son los necesarios para recuperar el equilibrio perdido como consecuencia de una trayectoria inapropiada. Este tipo de recuperaciones son finalmente las recuperaciones óptimas para la situación actual del levantamiento (al momento de recuperar) y, por lo tanto, es un tanto relativo calificarlas como imperfectas.

Hasta aquí se puede incurrir en el error de pensar que cualquier tipo de recuperación termina siendo válida y que el concepto de recuperación perfecta es inexacto. Sin embargo, la recuperación perfecta es un indicador de la técnica, ya que si el levantador fue capaz de realizar la recuperación de la forma adecuada (desplazando la pierna delantera primero), esto significa que la trayectoria, así como otros parámetros biomecánicos del jerk, fueron adecuados. Cuando la recuperación del jerk es imperfecta, las fases previas del levantamiento presentaron errores técnicos que le quitaron eficiencia al levantamiento, y entonces la técnica puede y debe ser perfeccionada.

Si un levantador recupera el jerk incorrectamente (desplazando primero la pierna trasera), insistir para que se esfuerce en realizar la recuperación apropiada es una indicación errónea. En este caso se debe trabajar en perfeccionar las fases previas a la recuperación (dip y empuje) para que posteriormente pueda realizar la recuperación apropiada.

Hay dos razones fundamentales por las que la trayectoria del jerk deriva en la necesidad de una recuperación imperfecta. La primera es un desplazamiento horizontal exagerado durante el dip. Como se discutió en el capítulo 6, el desplazamiento horizontal del dip no debe superar los 2 cm. Cuando esto sucede la trayectoria del jerk se ve afectada, el levantamiento pierde eficiencia y esto se puede manifestar en la necesidad de realizar una recuperación imperfecta.

La segunda razón es no completar la extensión de cadera al concluir la fase de empuje. Al momento de finalizar la fase de empuje, rodillas, cadera y tobillos deben alcanzar su extensión máxima, de lo contrario se produce un desplazamiento horizontal exagerado durante esta fase. Si al finalizar la fase de empuje se observa que la cadera no se extendió completamente, la trayectoria del jerk se distorsiona y la recuperación imperfecta será necesaria. Cuando esto sucede suele ser por pocos grados, pero el impacto sobre la trayectoria es enorme. Este factor está fuertemente asociado al fallo del levantamiento y, cuando los levantadores fijan este patrón como error técnico crónico, los avances en el jerk se estancan y la recuperación incorrecta se vuelve necesaria en todas las ejecuciones del levantamiento.

Es vital cuidar estos patrones erróneos durante la etapa de enseñanza de la técnica, así como durante el periodo inicial del deportista, ya que este tipo de errores durante el jerk suelen ser difíciles de corregir luego si la técnica se realizó sistemáticamente de forma inapropiada por cierto tiempo. Aunque esto último es en esencia válido para todos los ejercicios y los errores técnicos, en el caso del jerk esto suele ser algo fácil de controlar en las etapas iniciales, y, por otro lado, muy difícil de corregir en etapas avanzada si el error se fija como parte de la técnica del levantador. También es importante insistir al deportista durante la enseñanza y etapa inicial que realice la recuperación del jerk de forma apropiada, ya que este movimiento (movilizar primero la pierna delantera) no es tan intuitivo para la mayoría de las personas.

Cuando se observa que un levantador reiteradamente recupera movilizando la pierna trasera primero, se puede asumir que está realizando un movimiento inapropiado en alguna de las dos fases iniciales del jerk (o en ambas). En este caso, se debe tratar de detectar si el error se debe a un dip con un desplazamiento horizontal muy acentuado, o a una incompleta extensión de cadera al finalizar la fase de empuje, para de esta forma trabajar mejor sobre la causa.

Es también importante determinar el punto de inflexión en la intensidad del jerk, en donde el problema de una recuperación inapropiada se vuelve ineludible. Los levantadores que recuperan el jerk de forma inapropiada suelen ser capaces de recuperar de forma correcta con pesos livianos cuando el entrenador insiste en el movimiento correcto de recuperación, pero existe un punto (un peso determinado) a partir del cual ya no son capaces de recuperar con la pierna delantera primero, teniendo la necesidad de desplazar la pierna trasera al comienzo de la recuperación para no perder el equilibrio. Este punto de inflexión se expresa en forma de intensidad (porcentaje en relación a la 1RM de jerk), y es un indicador fiable del grado en el cual este error técnico está afectando al levantamiento.

Cabe mencionar nuevamente que la recuperación inapropiada está indicando una trayectoria imperfecta en la fase de empuje que quita eficiencia al levantamiento e incrementa las probabilidades de fallo; recuperar con una u otra pierna primero es virtualmente irrelevante sobre la calidad técnica, lo relevante es lo que lleva a que eso sea una necesidad.

En esta línea, a modo de ejemplo, podemos considerar a un levantador que es capaz de recuperar correctamente con intensidades menores al 90%, pero que a partir del 90% ya no es capaz de recuperar con la pierna delantera primero, teniendo la necesidad de una recuperación imperfecta. Por otro lado, podemos considerar a un segundo levantador el cual también recupera de forma inapropiada, pero es capaz de recuperar correctamente con pesos menores al 80% de la 1RM del jerk. En este ejemplo, el punto de inflexión de la recuperación apropiada es del 90% en el primer levantador y del 80% en el segundo. Esto indica que, aunque ambos debieran perfeccionar la técnica, el error está perjudicando más al segundo levantador. La trayectoria del segundo levantador se distorsionará de forma significativa con pesos más livianos en comparación con el primer levantador.

Este punto de inflexión también es un indicador de como se tiene que trabajar sobre el error. El trabajo técnico con la finalidad de mejorar este error debe desarrollarse cuando se manejan intensidades menores o iguales a las del punto de inflexión. El error se va mejorando conforme el deportista desplace el punto de inflexión a intensidades más altas; es decir, si un levantador cuyo punto de inflexión en la recuperación apropiada del jerk es del 80%, y al cabo de tres meses de entrenamiento lo logra desplazar al 85%, entonces se produjo un avance en la corrección del error así como en la eficiencia del jerk.

## Conclusiones

La recuperación perfecta del jerk implica, primero un desplazamiento de la pierna delantera hacia atrás y luego el desplazamiento de la pierna trasera hacia adelante.

Por otro lado, la recuperación imperfecta es necesaria cuando la trayectoria de la barra deja a la recepción por delante de la línea de referencia. Esto produce un adelantamiento del centro de gravedad del sistema atleta-barra que debe ser compensado con un movimiento hacia adelante para no perder el equilibrio.

Esta trayectoria inapropiada se puede dar por un dip con un desplazamiento horizontal mayor a 2 cm o por no lograr la extensión completa de cadera al final de la fase de empuje.

Los levantadores que recuperan incorrectamente de forma crónica tienen un error en su trayectoria que le quita eficiencia al jerk.

## Aplicaciones prácticas

Se debe enfatizar la correcta recuperación en la fase de enseñanza así como en la etapa inicial del levantador, ya que recuperar de esta manera no es intuitivo para la mayoría.

Cuando la recuperación del jerk es imperfecta se debe prestar atención a un posible desplazamiento horizontal exagerado durante el dip (inclinación del tronco), y a una posible extensión incompleta de cadera por parte del levantador, indicándole cuidar estos aspectos.

En los levantadores que siempre recuperan de forma imperfecta, se debe evaluar el punto de inflexión de la recuperación apropiada como referencia del impacto que este error está teniendo sobre la técnica, y para determinar los pesos donde se debe enfatizar un trabajo técnico en pro de mejorar este error.

# Capítulo 9
# Los Tiempos de Descanso y la Recuperación

Una recuperación adecuada entre serie y serie, producto del tiempo de descanso entre ellas, es vital para garantizar el éxito de un levantamiento. Una recuperación incompleta podría significar que los niveles de potencia que el levantador puede ejercer (disminuidos por la fatiga) no sean suficientes para poder levantar la barra hasta la altura crítica. Este aspecto es ampliamente conocido por la mayoría de atletas y entrenadores; lo que se ignora es el impacto que puede llegar a tener una inadecuada recuperación sobre el desarrollo de la técnica, incluso cuando el levantamiento es exitoso. Con esto surge la incorrecta creencia que el tiempo óptimo de descanso entre una serie y la siguiente es aquel tiempo mínimo que permita realizar de forma exitosa los levantamientos de la segunda serie. Pero esto, a largo plazo, puede derivar en una pérdida significativa del nivel técnico de los levantamientos, así como en una ganancia de fuerza inferior. De esta manera los descansos entre serie y serie son un factor más a tener en cuenta para el correcto desarrollo técnico.

*En el capítulo anterior se desarrolló y analizó la fase del jerk llamada "fase de recuperación". Para ahorrar una posible confusión al lector, merece la pena aclarar que en el actual capítulo se utilizará el término "recuperación" para referirse al tiempo de descanso entre serie y serie, y no para hacer referencia a la fase de recuperación de los ejercicios.*

En el entrenamiento de fuerza los tiempos de descanso, entre serie y serie, son un factor que se debe adecuar para, de esta forma, obtener los objetivos buscados, siendo un tiempo de descanso mayor una situación más beneficiosa para conseguir a largo plazo determinadas adaptaciones, así como un tiempo menor termina siendo más favorable cuando se buscan otro tipo de adaptaciones. Lamentablemente aún persiste, en el imaginario colectivo, la idea que cuanto menor sea el tiempo de descanso entre series, mayor serán siempre los beneficios. La fuerte influencia que tuvo el fisicoculturismo sobre las tendencias de entrenamiento de fuerza en los años 80 y 90, son probablemente la causa de esta creencia ya que tiempos cortos de descanso entre serie y serie son un abordaje adecuado cuando se busca el crecimiento muscular (hipertrofia). Sin embargo, esto no es lo más conveniente cuando lo que se busca es una ganancia de fuerza o mejora de la técnica.

En esta línea Rahimi et al.[27], estudiaron el efecto de una sesión de entrenamiento de fuerza sobre la secreción hormonal aguda en dos grupos que realizaron descansos entre series de 60 y 120 segundos, observando, al final del entrenamiento, que los niveles de hormona del crecimiento en el grupo que utilizó un minuto de descanso eran 64% mayores a los del otro grupo. En contraste, el grupo que utilizó descansos de dos minutos presentó niveles de testosterona 65% mayores a los niveles del grupo que utilizó descansos de tan solo un minuto. Teniendo en cuenta estos resultados y las funciones de estas dos hormonas sobre el organismo podemos concluir que los descansos de un minuto son más favorables para la hipertrofia muscular y los descansos de dos minutos son más favorables para el desarrollo de fuerza.

Por otro lado, Robinson et al.[28] estudiaron el efecto de tres tiempos distintos de descanso entre series, en tres grupos que realizaron un protocolo de entrenamiento de fuerza durante cinco semanas. Al finalizar las cinco semanas de entrenamiento se observó que, en el ejercicio de sentadilla el grupo que realizó descansos de 30 segundos tuvo una mejora del 2% en la 1RM, mientras que la mejora del grupo que utilizó descansos de 90 segundos fue del 5,2%, y la del grupo cuyos descansos fueron de tres minutos fue del 7,2%. En otras dos investigaciones, Pincivero et al.[29,30] estudiaron el efecto sobre la fuerza de protocolos de entrenamiento que utilizaban 40 ó 160 segundos de descanso entre series, observando que las adaptaciones en fuerza y potencia del grupo que utilizó descansos de 160 segundos siempre eran mayores.

Por lo tanto, cuando el objetivo de entrenamiento es la mejora de la fuerza o la potencia, los tiempos cortos de descanso entre series no son los más convenientes ya que comprometen los objetivos de entrenamiento, siendo los tiempos que tienden a los tres minutos los ideales. Esta es la principal razón por la cual los deportistas de halterofilia tienen descansos entre series de aproximadamente tres minutos.

Otra razón para mantener tiempos de recuperación entre series de aproximadamente tres minutos, es el impacto que los descansos cortos tienen sobre la técnica y la coordinación. Los descansos cortos no son suficientes para atenuar la fatiga, la cual, por su parte, compromete las capacidades coordinativas. En un contexto de aprendizaje de la técnica, evitar la fatiga se vuelve de vital importancia ya que un estado libre de fatiga es el más favorable para el desarrollo de habilidades y coordinación. Esto también es válido para un contexto de perfeccionamiento de la técnica. En el caso de un levantador que haya alcanzado un alto nivel técnico, entrenar fuera de un contexto de fatiga sigue siendo una necesidad ya que la repetición continuada de movimientos condicionados por un estado de fatiga puede comprometer el nivel técnico actual. Para evitar el estado de fatiga, que puede llegar a comprometer el desarrollo técnico, lo más conveniente son tiempos de descanso entre series de aproximadamente tres minutos.

Esto está respaldado por la investigación de Ammar et al.[31], quienes investigaron varios factores biomecánicos asociados a la técnica del clean tras dos o tres minutos de descanso, observando que los valores asociados a una mejor técnica eran mayores en el grupo que descansó tres minutos, y, por ende, aquellos parámetros asociados a una peor técnica fueron observados en el grupo que descansó dos minutos. Esta investigación no evaluó el impacto a largo plazo sobre la técnica, pero es fácil inferir que entrenar de forma reiterada, en un entorno que desfavorece la técnica, va a comprometerla con el paso del tiempo.

Por lo tanto, ya sea para el desarrollo de la fuerza o la potencia o para mantener así como para desarrollar una buena técnica, intervalos de descanso de aproximadamente tres minutos son los más adecuados. Lamentablemente, en la práctica esto no siempre se puede implementar ya que al aplicar estos intervalos de descanso las sesiones de entrenamiento pueden durar más tiempo del adecuado.

El cortisol es una hormona catabólica que además de comprometer las ganancias en fuerza y crecimiento muscular también compromete la coordinación y aumenta el estado de fatiga. Niveles altos de testosterona, por otro lado, generan un entorno de entrenamiento favorable. Ambas hormonas interactúan de tal manera que es la relación entre ellas lo que termina determinando un entorno favorable o desfavorable para el entrenamiento. Para determinar esto se calcula la ratio testosterona/cortisol, que consiste en dividir los valores correspondientes a los niveles actuales de testosterona entre los niveles de cortisol.

Entrenar con un ratio testosterona/cortisol bajo compromete seriamente las ganancias en rendimiento y técnica. En una sesión de entrenamiento de fuerza los niveles de cortisol comienzan a elevarse de forma significativa al alcanzar los 60 minutos de entrenamiento. La ratio testosterona/cortisol también desciende conforme la sesión de entrenamiento avanza, por lo que sesiones de entrenamiento muy largas pueden comprometer las ganancias a largo plazo.

Para evitar las consecuencias adversas de entrenar en un entorno hormonal negativo, causado por niveles elevados de cortisol acompañados por niveles bajos de testosterona, se debe tratar de que las sesiones de entrenamiento siempre tengan una duración apropiada. La duración adecuada depende del nivel del levantador. En su investigación, Kraemer et al.[32] compararon los niveles hormonales de atletas juveniles de alto nivel, quienes tenían más de dos años de entrenamiento, con levantadores de menor experiencia y tiempo de entrenamiento, observando que el primer grupo era capaz de finalizar la sesión de entrenamiento con mayores niveles de testosterona en sangre, sugiriendo que estos levantadores son capaces de tolerar mayores volúmenes de entrenamiento y sesiones más largas.

Estos hallazgos concuerdan con la investigación de Fry et al.[33] quienes también evaluaron el entorno hormonal de levantadores de élite y sub-élite (con menos tiempo de entrenamiento) y observaron, en los deportistas de élite, un entorno hormonal que favorecía un volumen de entrenamiento más alto. De estas investigaciones se concluye que, conforme los levantadores adquieren años de entrenamiento, pueden tolerar volúmenes más altos y sesiones de entrenamiento de mayor duración.

Para deportistas de nivel principiante, lo más conveniente son sesiones de entrenamiento que no superen los 90 minutos. Levantadores de nivel intermedio pueden realizar sesiones de entrenamiento de 120 minutos, mientras que los levantadores de nivel avanzado pueden realizar sesiones de 150 minutos. La duración de la sesión de entrenamiento está estrechamente relacionada al volumen de entrenamiento (la cantidad de repeticiones del día).

Para levantadores que ya llevan varios años en su disciplina, habiendo alcanzado un nivel avanzado, no es raro realizar volúmenes de 600, 700 u 800 repeticiones semanales. Para poder distribuir esa cantidad de repeticiones en sesiones de entrenamiento que no excedan la duración adecuada, se debe seleccionar correctamente la frecuencia de entrenamiento, es decir, el número de sesiones de entrenamiento por semana. Si, además, el volumen es muy alto se debe considerar la utilización de sesiones dobles en un mismo día. Para un volumen de 800 repeticiones semanales lo habitual es organizar el entrenamiento en nueve sesiones semanales; por ejemplo: una sesión de entrenamiento durante los lunes, miércoles y viernes, y dos sesiones los días martes, jueves y sábado.

Las investigaciones muestran que, cuando el volumen diario de entrenamiento es dividido en dos sesiones en el mismo día, la fuerza muscular, la activación neuromuscular y los niveles de testosterona muestran mayores valores en comparación con el mismo volumen realizado en una sola sesión[34]. Por lo tanto, cuando el volumen de entrenamiento es alto, siempre es una mejor estrategia realizar sesiones dobles en un mismo día en lugar de realizar todo el volumen correspondiente a ese día en una misma sesión.

Pero incluso, cuando la frecuencia de entrenamiento es ajustada correctamente, puede ser difícil lograr tiempos de descanso entre series de tres minutos manteniendo una duración adecuada de la sesión de entrenamiento. Para ajustar esto se puede ser flexible con los tiempos de descanso en series de ejercicios auxiliares, especialmente cuando se trabajan con las intensidades más bajas del rango. Se debe ser cuidadoso con este abordaje ya que tiempos de descanso más cortos elevan los niveles de cortisol y, además, como fue visto previamente, comprometen los parámetros asociados a una correcta técnica. Debido a esto, lo más conveniente es no bajar nunca de dos minutos de descanso entre series y nunca implementar este abordaje en ejercicios técnicos.

## Conclusiones

Contrario a la creencia popular, el tiempo mínimo de descanso entre series que permite la realización de la próxima serie de forma exitosa no es el tiempo más conveniente, comprometiendo a largo plazo las ganancias en fuerza y también la técnica.

La duración de la sesión de entrenamiento también puede comprometer las ganancias a largo plazo, ya que las sesiones muy largas generan un entorno hormonal negativo para las adaptaciones. La duración adecuada de la sesión así como el volumen de entrenamiento dependen del nivel y de la experiencia previa del levantador.

La división del mismo entrenamiento de un día en dos sesiones ese mismo día ha demostrado tener beneficios que sugieren una mejor adaptación a largo plazo.

**Aplicaciones Prácticas**

Lo más conveniente para el desarrollo de fuerza y potencia, así como para mantener o mejorar la técnica, son periodos de descanso de tres minutos entre series.

Para evitar entrenar en un entorno hormonal inapropiado, consecuencia de una sesión de entrenamiento muy larga, se debe seleccionar una frecuencia apropiada, distribuir el volumen convenientemente y considerar que las sesiones de entrenamiento no superen los 90 minutos en el caso de los levantadores principiantes, 120 minutos en el caso de los intermedios y 150 minutos para aquellos levantadores avanzados.

Para los levantadores avanzados, que realicen volúmenes de entrenamiento muy altos, se deben implementar sesiones dobles de entrenamiento en un mismo día.

Si el volumen de entrenamiento es distribuido adecuadamente y, aun así, los descansos de tres minutos entre series derivan en una sesión de entrenamiento muy larga, se puede considerar emplear descansos más cortos con los ejercicios auxiliares, especialmente cuando se realicen con intensidades relativamente bajas.

# Capítulo 10
## Periodización de Entrenamiento

En general, la mayoría de los atletas y entrenadores entienden que el proceso de perfeccionamiento técnico es algo que se desarrolla puramente por medio de indicaciones técnicas y el uso de ejercicios específicos, desestimando el impacto que la distribución de las cargas de entrenamiento pueda tener sobre este aspecto. La periodización suele ser vista como un elemento esencial para el desarrollo de la fuerza y del rendimiento del levantador, buscando la mayor ganancia de fuerza en un periodo dado de tiempo y evitando estancamientos; pero, a la vez, no se la ve como algo desde donde se puede optimizar la técnica o que puedan derivar errores técnicos, entendiendo en general que la optimización técnica es algo que se debe desarrollar por separado. Aunque la constante observación y corrección técnica, por parte del entrenador, son aspectos clave para un correcto desarrollo, mantenimiento y perfeccionamiento de la técnica, lo cierto es que una adecuada distribución de las cargas de entrenamiento contribuye a la optimización técnica, así como una inapropiada distribución de las cargas conduce a errores técnicos que comprometen seriamente la eficiencia de los levantamientos.

*Los conceptos que se van a desarrollar en este capítulo no pretenden profundizar en el área de la planificación del entrenamiento, sino analizar dentro de esta área los aspectos más relacionados con la mejora técnica, enfatizando en la distribución del volumen de entrenamiento.*

Para el desarrollo de la fuerza y otras cualidades buscadas en el deporte, es vital realizar una correcta distribución y ondulación de las cargas de entrenamiento. Al proceso de preseleccionar estas cargas, distribuciones, ondulaciones y su organización en el tiempo, se le llama periodización de entrenamiento. La evidencia científica viene demostrando, desde hace muchos años, que incluso las distribuciones más básicas permiten un desarrollo mayor de la fuerza y un retraso del estancamiento en el progreso, cuando se comparan con entrenamiento no periodizado[35].

Los soviéticos fueron quienes desarrollaron el concepto de periodización general de entrenamiento, así como el principal modelo de periodización en la halterofilia. Por muchos años, el modelo soviético de planificación y sus variables fueron los únicos empleados en aquellos países con un rendimiento destacado en este deporte. A finales de la década de los 60, de la mano de Iván Abadjiev, se desarrolla un modelo diferente, el modelo denominado como Búlgaro. El modelo Búlgaro de planificación contrasta considerablemente con el modelo Soviético, caracterizándose el primero por cargas de entrenamiento mayores (aunque no tan altas como se ha divulgado en los últimos años). En la actualidad, los principales modelos de periodización utilizados en virtualmente todo el mundo, son variables del modelo Soviético o del modelo Búlgaro. Las referencias que se mostrarán a lo largo de este capítulo corresponden al modelo soviético.

Lo primero a considerar es la forma en que el entrenamiento se divide en función del tiempo. Un macrociclo (o ciclo) de entrenamiento corresponde al tiempo entre una competencia y otra. Normalmente un macrociclo tiene una duración de 12 semanas, aunque el calendario competitivo, muchas veces, obliga a macrociclos de mayor o menor duración. Si debido al calendario el tiempo entre competencias es demasiado grande, se puede estipular una competencia simulada y dividir ese tiempo en dos macrociclos. En el caso de aquellos levantadores que no estén envueltos en competición es igualmente conveniente organizar el entrenamiento en base a macrociclos delimitados por competencias, solo que en este caso las competencias son sustituidas por pruebas de máximos en snatch y clean & jerk.

Los macrociclos, a su vez, se subdividen en mesociclos que son periodos de tiempo de aproximadamente un mes. Finalmente, los mesociclos se subdividen en microciclos. Lo más habitual es que la duración de un microciclo sea de una semana. Estos conceptos (macrociclo, mesociclo, microciclo) fueron definidos por los soviéticos con las duraciones que se mencionaron anteriormente, aunque en la actualidad existen otros autores que utilizan los mismos conceptos pero con periodos de duración diferentes. Debido a esto, y a la falta de estandarización de terminologías en el área de las ciencias del deporte, es importante que el lector siempre verifique a que duración equivale cada uno de los ciclos (macrociclo, mesociclo y microciclo) al estudiar otros textos, ya que pueden ser definidos de forma diferente.

Por lo tanto, el macrociclo debe estar subdividido por mesociclos y microciclos, pero además estos sufren otra subdivisión en fases. Por un lado, está la fase preparatoria con una duración aproximada de siete semanas y una fase competitiva con una duración aproximada de cinco semanas (considerando un macrociclo tipo de 12 semanas). La última semana del periodo competitivo (última semana del macrociclo) es, a su vez, una semana especial llamada semana de tapering, en donde se asignan cargas que garanticen que el levantador llegue de la mejor forma posible a la competencia. Los ejercicios, así como la distribución de las cargas de entrenamiento, varían de forma significativa según el periodo.

Los principales componentes de la carga de entrenamiento son el volumen y la intensidad. En la halterofilia, específicamente, la intensidad se refiere al porcentaje de la 1RM con el que se está trabajando. De esta forma, una repetición de snatch al 90% de su 1RM presenta mayor intensidad que una repetición al 85%. El concepto es claro, pero se podría prestar a confusión frente a lo que habitualmente se percibe por intensidad. Por ejemplo, si un levantador realiza en una misma serie 15 repeticiones de snatch al 60%, la demanda metabólica de esa serie de altas repeticiones le hará percibir un esfuerzo mucho mayor que al realizar una serie de una sola repetición al 90%. Se puede incurrir en el error de considerar la serie al 60% como más "intensa", pero desde la perspectiva de la intensidad de entrenamiento la serie al 90% es más intensa. En general, una intensidad del 60% es baja. Lo que produce una serie de altas repeticiones al 60%, como se citó en el ejemplo anterior, es una alta percepción del esfuerzo que no debe ser confundida con la intensidad de entrenamiento.

El volumen de entrenamiento se refiere a la cantidad de trabajo. En el caso específico de la halterofilia se refiere a la suma de todas las repeticiones. Aunque ya es raro que se haga esta aclaración, merece la pena mencionar que existe un volumen parcial y un volumen total. El volumen total es la suma de absolutamente todas las repeticiones, incluyendo aquellas que el levantador realice con pesos ridículamente bajos durante el comienzo del calentamiento. El volumen parcial, por otro lado, es la suma de todas las repeticiones que se realizan dentro del rango de intensidad.

No todos trabajan con los mismos rangos de intensidades, hay quienes entrenan a partir de intensidades del 70%, considerando todo lo que está por debajo de ese 70% como calentamiento, hay quienes entrenan a partir del 80%, etc. Se considera rango de intensidades a todas las intensidades mayores e iguales a la intensidad a partir de la cual finaliza el calentamiento y comienza el entrenamiento; por ejemplo, rango de 70%-100% ó 80%-100%. En general, en el macrociclo de entrenamiento se puede probar un nuevo máximo y realizar, por tanto, una repetición con una intensidad mayor al 100% de la 1RM del ejercicio; eso no se lo considera una repetición fuera de rango, pero si se la consideraría si se realiza por debajo del valor mínimo del rango.

Existen muchas variables del método soviético que utilizan distintos rangos de intensidad, siendo la variable que se usa en Cuba la que mantiene el rango más amplio (50%-100%), aunque en otros lados del mundo, en la actualidad, es verdaderamente raro manejar un rango que comience a partir del 50%.

Por lo tanto, el volumen total de entrenamiento es la suma de absolutamente todas las repeticiones. El volumen parcial, sin embargo, es la suma de las repeticiones que están dentro del rango de intensidades. De esta manera, si el rango de intensidades es de 80%-100%, el volumen parcial se refiere a la suma de todas las repeticiones a partir del 80%, considerando todo lo que está antes del 80% como calentamiento y no registrándolo. En la actualidad, el concepto de volumen total ya no se emplea debido a no aportar ningún tipo de información útil al proceso de periodización y, por lo tanto, siempre que se habla de volumen de entrenamiento, implícitamente se está hablando del volumen parcial (la suma de todas las repeticiones dentro del rango de intensidades).

El volumen de entrenamiento se registra por periodos de tiempo, es decir, hay un volumen de entrenamiento para la sesión de entrenamiento, para el microciclo, para el mesociclo, para el macrociclo, etc., incluso un volumen de entrenamiento anual. También se considera el volumen de entrenamiento que recibe cada ejercicio.

Se debe tener en cuenta que, como el volumen de entrenamiento depende del rango de intensidades, podrían darse algunas confusiones al comparar los volúmenes de entrenamiento de distintos modelos de periodización. Por ejemplo, manejando rangos de intensidades de 80%-100% un levantador de nivel intermedio maneja en promedio un volumen entre 250 y 350 repeticiones semanales, mientras que un levantador del mismo nivel que trabaja en un rango de 50%-100% puede fácilmente estar manejando volúmenes mayores a las 500 repeticiones semanales. De esta manera para realizar un análisis correcto del volumen de entrenamiento se debe contemplar también el rango de intensidad.

La distribución del volumen de entrenamiento en los distintos ejercicios es un tema de mayor relevancia, que cuando se descuida se producen algunos errores técnicos. En general, en cada periodo del ciclo el volumen de entrenamiento debe ser distribuido a cada ejercicio manteniendo ciertas reglas. Un levantador puede elevar su volumen semanal en 50 repeticiones realizando 50 repeticiones más de snatch pulls (tirones de snatch), un ejercicio relativamente fácil de ejecutar que no requiere mayor desgaste. Sin embargo, esto es una forma errónea de incrementar el volumen semanal. En promedio, en el periodo preparatorio, los snatch pulls reciben un 6% del volumen semanal. En base a esto, si el levantador del ejemplo anterior estaba originalmente realizando un volumen de 500 repeticiones semanales, su volumen de tirones de snatch es de 30 repeticiones en esa semana (el 6% de 500). Si el levantador desea incrementar su volumen en 50 repeticiones para realizar un total de 550 repeticiones semanales, ahora el volumen de snatch pulls es de 33 repeticiones semanales (el 6% de 550). El volumen asignado a cada ejercicio se incrementa ahora proporcionalmente.

Esta es la forma correcta de generar cambios en el volumen de entrenamiento. Lamentablemente este es, en la actualidad, uno de los aspectos más descuidados, especialmente en el área del *cross training*. La distribución correcta del volumen de entrenamiento, para los distintos ejercicios, garantiza un estímulo equilibrado que proporciona una progresión estable de los distintos aspectos asociados a la técnica y a la fuerza.

En el capítulo 7 se observó como, el jerk desde el rack y el jerk propio del clean, deben adquirir cada uno un porcentaje determinado del volumen asignado al jerk para, de esta forma, dar con la distribución óptima que apunte al mejor desarrollo técnico del ejercicio. Además, se observó que, para mejorar la subfase de frenado, también se podía adicionar el jerk tras nuca, pero que si su volumen era mayor al 30% esto podía perjudicar la técnica del jerk, ya que este ejercicio aumenta la inclinación del tronco y, con ello, el desplazamiento horizontal durante el dip. Si se ignorara esto, y se realizara este ejercicio de forma prolongada con un volumen más alto del ideal, es muy probable que el levantador desarrolle un error técnico difícil de revertir. Pero esto no pasa solo con el jerk tras nuca, la asignación de un volumen relativo inapropiado a un ejercicio siempre deriva, con el tiempo, en imperfecciones técnicas.

Lo primero a considerar es que la primer distribución del volumen de entrenamiento para los ejercicios es en función de dos grupos de ejercicios: los ejercicios técnicos y los ejercicios de fuerza. Básicamente, los ejercicios técnicos son aquellos utilizados en competencia, el snatch, el clean y el jerk, así como algunas variables directas (el criterio utilizado en este libro no incluye las variables de potencia: power snatch, power clean y power jerk, dentro del grupo de ejercicios técnicos). Los denominados "ejercicios de fuerza", aunque el nombre no sea del todo apropiado, son todos los restantes: power clean, squats, pulls, presses, etc.

Sin importar el momento del macrociclo, el snatch recibe un 40% del volumen asignado a los ejercicios técnicos, mientras que el clean recibe un 30% y el jerk otro 30%. El porcentaje asignado a ejercicios técnicos y de fuerza varía según el momento del macrociclo. Esto puede depender de la variable del modelo usado, pero lo habitual es un 20% para los ejercicios técnicos y un 80% para los ejercicios de fuerza durante el periodo preparatorio; entre un 30% y un 40% para los ejercicios técnicos y entre un 60% y un 70% para los de fuerza durante el periodo competitivo, y de un 50% para cada grupo durante la semana de tapering.

Los squats reciben entre el 35% y el 40% del volumen semanal asignado a los ejercicios de fuerza durante el periodo preparatorio, mientras que los pulls en total reciben entre el 15% y el 20%. En el caso de los squats la mitad de esas repeticiones se asignan a los front squat y la otra mitad a los back squat, mientras que en el caso de los pulls, una mitad se asigna a los clean pull y la otra mitad a los snatch pulls. Es importante resaltar que estos porcentajes se calculan en función del volumen asignado al grupo de ejercicios de fuerza y no al volumen final de la semana. Sin embargo, el porcentaje correspondiente al volumen final también se puede calcular, es decir, suponiendo que el volumen asignado a los pulls es del 15% del volumen asignado a los ejercicios de fuerza, y que el volumen asignado a los ejercicios de fuerza es del 80%, los pulls representan el 15% del 80% que es el 12% del total. Las tablas 1 y 2 muestran una distribución apropiada del volumen en ambos periodos según los ejercicios.

Es importante señalar que el criterio para agrupar los ejercicios como técnicos y de fuerza manejado en este libro, el expuesto en los párrafos anteriores, así como en las tablas 1 y 2, no es universal. Muchos otros autores consideran también ejercicios técnicos a los power snatch, power clean y power jerks, así como sus variables. Cuando el criterio se emplea de esta manera, por lo general, el

**Tabla 1**

Distribución del volumen semanal para cada ejercicio
durante el periodo preparatorio.

| Grupo | % del volumen semanal | Ejercicio | % del grupo |
|---|---|---|---|
| Ejercicios Técnicos | 20% del volumen semanal | Snatch | 40% |
| | | Clean | 30% |
| | | Jerk | 30% |
| Ejercicios de Fuerza | 80% del volumen semanal | Power Snatch | 10% |
| | | Power Clean | 7,5% |
| | | Power Jerk | 3% a 4% |
| | | Front Squat | 17,5% a 20% |
| | | Back Squat | 17,5% a 20% |
| | | Clean Pull | 7,5% a 10% |
| | | Snatch Pull | 7,5% a 10% |
| | | Esp. Snatch | 3% a 4,5% |
| | | Lumbares | 15% |
| | | Presses | 10% |

Esp. Snatch representa los ejercicios especiales del snatch, tales como snatch balance, drop snatch, snatch squat, etc. Los ejercicios calificados como "lumbares" son los peso muerto (deadlift) y sus variables, así como los ejercicios de buenos días (good morning). Los ejercicios calificados como "presses" incluyen: push press, push jerk, press militar, etc.

**Tabla 2**

Distribución del volumen semanal para cada ejercicio
durante el periodo competitivo.

| Grupo | % del volumen semanal | Ejercicio | % del grupo |
|---|---|---|---|
| Ejercicios Técnicos | Entre 30% y 40% del volumen semanal | Snatch | 40% |
| | | Clean | 30% |
| | | Jerk | 30% |
| Ejercicios de Fuerza | Entre 60% y 70% del volumen semanal | Power Snatch | 15% a 25% |
| | | Power Clean | 15 a 25% |
| | | Power Jerk | 4% a 10% |
| | | Front Squat | 15% a 20% |
| | | Back Squat | 15% a 20% |
| | | Clean Pull | 0% a 7,5% |
| | | Snatch Pull | 0% a 7,5% |
| | | Esp. Snatch | 0% |
| | | Lumbares | 0% a 15% |
| | | Presses | 0% a 10% |

Es habitual utilizar un 30% del volumen para los ejercicios técnicos y un 70% para los de fuerza durante las primeras semanas del periodo competitivo para cambiar a una relación 40%-60% en las últimas semanas y un 50%-50% para la última semana (semana tapering). De esta forma, es habitual ya no utilizar los pulls, los presses y los ejercicios de lumbares en estas últimas semanas.

porcentaje asignado a los ejercicios técnicos se incrementa y finalmente, aunque no lo parezca, los porcentajes del volumen semanal asignado a cada ejercicio se mantienen iguales o muy similares a los presentados en las tablas 1 y 2. El lector debe tener en cuenta la existencia de estos criterios al consultar otros textos ya que del criterio empleado para calificar estos ejercicios depende la interpretación de la distribución.

En las tablas 1 y 2 se muestran la distribución general del volumen semanal en función de los ejercicios, pero aún existen más reglas para garantizar que dichas distribuciones mantengan un equilibrio técnico, así como un equilibrio en el desarrollo de fuerza. Una de esas reglas es la que se mencionó reiteradamente en relación al jerk.

No alcanza con asignarle al jerk el volumen que muestran las tablas 1 y 2, también se debe tener en cuenta cuanto de este volumen se le asigna al jerk desde el rack, al jerk propio del clean & jerk, así como al jerk tras nuca, en el caso de que este ejercicio fuera adicionado al plan de entrenamiento. Estas distribuciones ya fueron discutidas y analizadas previamente en el capítulo 7.

Los dos errores más comunes asociados a una distribución incorrecta del volumen de los ejercicios son asignar un volumen pobre a las sentadillas (squats), así como asignar un volumen exagerado a los ejercicios que se realizan colgados (*from hang*) o sobre los soportes (*from blocks*). Ambas distribuciones inapropiadas derivan en cuestiones técnicas evidentes.

En el caso de las sentadillas, es un ejercicio donde la asignación apropiada del volumen es vital. La sentadilla y la fuerza del miembro inferior es fundamental en este deporte. Cuando se observa a un levantador realizar un clean correctamente pero no ser capaz de realizar la recuperación de este ejercicio por falta de fuerza en el miembro inferior, o realizando la recuperación con un esfuerzo exagerado, se puede dar por sentado que su periodización de entrenamiento maneja un porcentaje del volumen para las sentadillas por debajo del óptimo. A veces, las consecuencias de esto no son tan evidentes como en el ejemplo anterior, pero aun así el uso de un número de repeticiones por debajo del óptimo compromete el desarrollo técnico de los otros ejercicios y conduce a un estancamiento en el progreso.

En general, se observa que la mayoría de los levantadores tienen una 1RM de front squat un 18% más alta que la 1RM de clean. No obstante, existen deportistas cuyo front squat es tan solo un 8% mayor a su clean (o incluso menos), pero esto parece no resultar un problema significativo. Aparentemente, el factor determinante no es la relación entre las 1RM de las squats y el clean, sino mantener una distribución adecuada del volumen asignado a las sentadillas.

La correcta distribución del volumen para las sentadillas es importante para el desarrollo del deportista. Otro aspecto fundamental es el volumen asignado a las variables del snatch y del clean que se realizan comenzando desde distintas alturas. Estas variables son llamadas "hang" o "colgado" cuando el levantador comienza con la barra a una altura determinada (por ejemplo a la altura de las rodillas) sosteniendo la barra por sus propios medios, y desde los "cajones", "soportes" o "blocks", cuando se comienza a una altura determinada con la barra (concretamente los discos) sobre alguna estructura que permita comenzar el ejercicio desde dicha altura.

Los hang snatch, block snatch, hang clean y block clean, son variables técnicas de dichos ejercicios (snatch y clean respectivamente) y, por lo tanto, suman repeticiones dentro del volumen asignado a los ejercicios técnicos. El error técnico que se fija, cuando se realiza un volumen desproporcionadamente alto de variables desde hang y desde blocks, es una disminución significativa de la velocidad de ascenso de la barra, habitualmente durante la transición (como fue observado en el capítulo 2) cuando se intenta realizar el ejercicio desde el suelo. Esto se debe a que la continua repetición del ejercicio, comenzando desde una altura determinada, fija ese patrón en el sistema nervioso, pasando a interpretar el ejercicio que comienza con la barra desde el suelo, como un ejercicio en dos partes, la primera levanta la barra hasta la altura dada y la segunda parte ejecuta el movimiento de la forma que fue fijado. Esto tiene un impacto enormemente negativo sobre la eficiencia técnica y es un error muy difícil de corregir una vez fijado.

Para evitar esto, se tiene que respetar la regla de distribución para las variables desde hang y desde blocks. En el caso de incluir estas variables en alguna semana, nunca pueden recibir más del 50% del volumen del ejercicio. Esto quiere decir que si se incluye, por ejemplo, hang clean en una semana, del volumen asignado al clean dicha semana, el hang clean solo puede tomar un máximo del 50%. De la misma forma, si se incluyera snatch from blocks, el volumen asignado a esa variable no puede superar el 50% del volumen asignado al snatch, el porcentaje restante debe ir asignado al snatch. Si ambos ejercicios, hang snatch y snatch from blocks fueran incluidos en una misma semana, el volumen asignado a la suma de estas dos variables no puede superar el 50% del volumen total asignado al snatch.

Utilizando este criterio se evita que el exceso de ejercicios desde hang y blocks afecten a la técnica del levantador. Respetando una distribución proporcional, como la que se muestra en las tablas 1 y 2, se evita el desarrollo de otros errores técnicos y también se apela a un progreso balanceado de las otras cualidades.

## Conclusiones

Desde la perspectiva de la periodización, el proceso de entrenamiento se divide en el tiempo en: macrociclos, mesociclos y microciclos, así como en una fase preparatoria y una competitiva.

Se considera intensidad de entrenamiento al porcentaje de la 1RM del ejercicio con el que se desarrolle una serie o repetición.

El volumen de entrenamiento es la suma de todas las repeticiones dentro del rango de intensidades empleado, en un periodo de tiempo dado (microciclo, mesociclo, macrociclo, etc.).

Para garantizar un desarrollo de la fuerza balanceado y, por sobre todas las cosas, un desarrollo técnico equilibrado, es de vital importancia mantener una distribución apropiada del volumen de entrenamiento sobre los ejercicios.

## Aplicaciones prácticas

Para garantizar una distribución óptima del volumen de entrenamiento sobre los ejercicios, se debe emplear un criterio de distribución como el que se muestra en las tablas 1 y 2.

Además, se debe tener en cuenta que en el caso de utilizar variables hang o from blocks para el snatch o el clean, el volumen asignado a estas variables no debe superar el 50% del volumen asignado al snatch o al clean, respectivamente.

**Referencias**

1. Khasin LA. Biomechanical Analysis of Technique of Highly Skilled Weightlifters with the Application of Mathematical Modeling and High-Speed Video Recording. En: Proceedings of the 12th International Symposium on Computer Science in Sport. Springer International Publishing; 2019. p. 96-105.

2. Deming L, Kangwei A, Yunde W. Three dimensional analysis of the clean and jerk techniques for female elite Chinese weightlifters. En: Proceedings of the 11th International Symposium on Biomechanics in Sports. 1993. p. 235-8.

3. Kipp K, Harris C. Patterns of barbell acceleration during the snatch in weightlifting competition. Journal of Sports Sciences. 2014; 33(14):1467-71.

4. Garhammer J, Kauhanen H, and Hakkinen K. Comparison of performances by woman at the 1987 and 1998 world weightlifting championships. En: Science for Success Congress, Jyvaskyla, 2002.

5. Frolov VI, Lelikov SI, Efimov NM, Vanagas MP. Technique of Snatch of Weightlifters of High Qualification. Teoria i praktyka fiz. Kultury. 1977; 6(2):59-61.

6. Gourgoulis V, Aggeloussis N, Garas A, Mavromatis G. Unsuccessful vs. Successful Performance in Snatch Lifts: A Kinematic Approach. Journal of Strength and Conditioning Research. 2009; 23(2):486-94.

7. Korkmaz S, Harbili E. Biomechanical analysis of the snatch technique in junior elite female weightlifters. Journal of Sports Sciences. 2015; 34(11):1088-93.

8. Campos J, Poletaev P, Cuesta A, Pablos C, Carratalá V. Kinematical Analysis of the Snatch in Elite Male Junior Weightlifters of Different Weight Categories. The Journal of Strength and Conditioning Research. 2006; 20(4):843-50.

9. Votobyev AN. The scientific rationale for fundamental weightlifting training and techniques. Teoria i praktyka fiz. Kultury. 1978; 5(2):8-11.

10. Zhiyuan B, Kangwei A, Long Z, Zhihong W, Xu H. Comparative Study on the Successful and Unsuccessful Performance of the Elite Male Weightlifters Snatch Technique. Sport Science Research. 2015; 36(2):18-22.

11. Rummells J. Biomechanical differences in the weightlifting snatch between successful and unsuccessful lifts [disertación]. Iowa: University of Northern Iowa; 2016.

12. Schilling BK, Stone MH, O'Bryant HS, Fry AC, Coglianese RH, Pierce KC. Snatch Technique of Collegiate National Level Weightlifters. The Journal of Strength and Conditioning Research. 2002; 16(4):551-5.

13. Vorobyev AN. A Text Book on Weightlifting. Budapest: International Weightlifting Federation; 1978.

14. Roman RA, Shakirzyanov MZ. The Snatch, the Clean and Jerk. Livonia: Sportivny Press; 1982.

15. Hiskia G. Biomechanical Analysis of World and Olympic Champion Weightlifters. En: Proceedings of the Weightlifting Symposium. International Weightlifting Federation; 1997. p. 137–58.

16. Musser LJ, Garhammer J, Rozenek R, Crussemeyer JA, Vargas EM. Anthropometry and Barbell Trajectory in the Snatch Lift for Elite Women Weightlifters. The Journal of Strength and Conditioning Research. 2014; 28(6):1636-48.

17. Stone MH, O'Bryant HS, Williams FE, Johnson RL, Pierce KC. Analysis of Bar Paths During The Snatch in Elite Male Weightlifters. Strength and Conditioning Journal. 1998; 20(5):30–8.

18. Charniga AB. Nature or Nurture: Gender Variations in Weightlifting Technique. EWF Scientific Magazine. 2019; 14:6-12.

19. Wang D, Yang Y, Shi B, Bai X. Kinesiology Analysis of Shaanxi Female Athletes' Snatch Techniques. Journal of Xi'An Physical Education University. 2016; 33(5):618-22.

20. Loder RT, Skopelja EN. The Epidemiology and Demographics of Hip Dysplasia. ISRN Orthopedics. 2011:1-46.

21. Frolov BI, Levshunov NP. Phasic Structure of the Jerk. Tyazhelaya Atletika. 1979:25-8.

22. Grabe SA, Widule CJ. Comparative Biomechanics of the Jerk in Olympic Weightlifting. Research Quarterly for Exercise and Sport. 1988; 59(1):1-8.

23. Chiu LZF. Mechanical Properties of Weightlifting Bars. The Journal of Strength and Conditioning Research. 2010; 24(9):2390-9.

24. Grabe SA. Kinematics of the Jerk From the Chest: Cluster Analysis of Olympic-Style Lifters. En: Proceedings of the 3th International Symposium on Biomechanics in Sports. 1985. p. 280-5.

25. Medvedev AS, Masalgin NA, Herrera AG, Frolov VI. Methodology and Planning Training. Classification of Lifting Jerk Exercises and the Method of Their Application Depending on Qualification of Weightlifts. Tyazhelaya Atletika. 1982:15-7.

26. Jarvis MM, Graham-Smith P, Comfort P. A Methodological Approach to Quantifying Plyometric Intensity. The Journal of Strength and Conditioning Research. 2016; 30(9):2522-32.

27. Rahimi R, Qaderi M, Faraji H, Boroujerdi SS. Effects of Very Short Rest Periods on Hormonal Responses to Resistance Exercise in Men. Journal of Strength and Conditioning Research. 2010; 24(7):1851-9.

28. Robinson JM, Stone MH, Johnson RL, Penland CM, Warren BJ, Lewis RD. Effects of Different Weight Training Exercise/Rest Intervals on Strength, Power, and High Intensity Exercise Endurance. Journal of Strength and Conditioning Research. 1995; 9(4):216-21.

29. Pincivero DM, Lephart SM, Karunakara RG. Effects of rest interval on isokinetic strength and functional performance after short-term high intensity training. British journal of sports medicine. 1997; 31(3):229-34.

30. Pincivero DM, Campy RM. The effects of rest interval length and training on quadriceps femoris muscle. Part I: knee extensor torque and muscle fatigue. The Journal of Sports Medicine and Physical Fitness. 2004; 44(2):111-8.

31. Ammar A, Riemann BL, Abdelkarim O, Driss T, Hökelmann A. Effect of 2- vs. 3-Minute Interrepetition Rest Period on Maximal Clean Technique and Performance. The Journal of Strength and Conditioning Research. 2018 [Epub ahead of print].

32. Kraemer WJ, Fry AC, Warren BJ, Stone MH, Fleck SJ, Kearney JT, Conroy BP, Maresh CM, Weseman CA, Triplett MT,

Gordon SE. Acute hormonal responses in elite junior weightlifters. International Journal of Sports Medicine. 1992; 13(2):103-9.

33. Fry AC, Kraemer WJ, Stone MH, Perry Koziris L, Thrush JT, Fleck SJ. Relationships Between Serum Testosterone, Cortisol, and Weightlifting Performance. The Journal of Strength and Conditioning Research. 2000; 14(3):338.

34. Hartman MJ, Clark B, Bembens DA, Kilgore JL, Bemben MG. Comparisons between twice-daily and once-daily training sessions in male weight lifters. International Journal of Sports Physiology and Performance. 2007; 2(2):159-69.

35. Willoughby DS. The Effects of Mesocycle-Length Weight Training Programs Involving Periodization and Partially Equated Volumes on Upper and Lower Body Strength. The Journal of Strength and Conditioning Research. 1993; 7(1):2-8.